데프 앤 데프

Deaf & deaf

농인과 친구가 되고 싶은 이들을 위한 안내서

나남
nanam

나남신서 1604

데프 앤 데프

농인과 친구가 되고 싶은 이들을 위한 안내서

2011년 10월 30일 발행
2020년 1월 5일 3쇄

지은이_ 이준우 · 김연신
발행자_ 趙相浩
발행처_ (주) 나남
주소_ 10881 경기도 파주시 회동길 193
전화_ (031) 955-4601 (代)
FAX_ (031) 955-4555
등록_ 제 1-71호(1979.5.12)
홈페이지_ http://www.nanam.net
전자우편_ post@nanam.net

ISBN 978-89-300-8604-2
ISBN 978-89-300-8001-9 (세트)

책값은 뒤표지에 있습니다.

데프 앤 데프

농인과 친구가 되고 싶은
이들을 위한 안내서

이준우 · 김연신 지음

Deaf
&
deaf

나남
nanam

일러두기

'Deaf & deaf'는 청각장애인으로 불리는 농인을 나타낼 때 사용하는 용어로, 'Deaf'는 언어적·문화적으로 소수집단을 지칭할 때 사용하며, 'deaf'는 병리적으로 농인을 설명할 때 사용한다.

머리말

제자이면서 청각장애 분야에서 오랫동안 동역해 왔던 김연신 국장과 함께 책을 쓰게 되었다. 무척 기쁘다. 농인들에게 아낌없는 과분한 사랑을 받아왔던 저자들로서는 이 책을 통해 큰 사랑의 빚을 조금이나마 갚을 수 있었으면 한다.

수화통역사로서 우리 두 사람이 '청각장애인'이라고 불리는 농인들과 더불어 살아온 지도 어느덧 20년이 더 지난 것 같다. 농인이 좋아서 또 수화가 참 좋아서, 지금까지 수화에 푹 빠져 살고 있다. 아니 가끔은 스스로를 농인으로 착각할 만큼 농인의 삶 속에 흠뻑 젖어 있다.

물론 이 책의 공저자 중 한 사람인 김연신 국장에 비해 이준우 교수는 솔직히 요즘 농 사회로부터 벗어나려고 애쓰는 중이다. 이준우 교수가 학교 보직(학장, 대학원장, 복지관 관장 등)과 각종 교내외 정책사업 참여 등으로 너무 바빠서 그렇다.

일이 많다 보니 마음에 여유가 없어져서 가급적이면 농 사회와 접촉하지 않으려고 애써 수화에 관심을 끊고 살고 있다. 그런데 금단현상처럼 농인들과 그들의 세계에서 좀처럼 빠져나오지 못하고 있다. 잊어버릴 만하면 찾아오는 농인들이 늘 많기 때문이다.

왜 이리 자주, 그리고 많이들 오는지 모르겠다고 투덜대면서도 함께 수화로 얘기하다 보면 어느새 신나게 함께 놀고 있거나 재미있게 그들과 같이 열심히 활동하고 있는 나 자신을 발견하게 된다. 더욱이 김연신 국장이 박사과정 지도학생으로 오게 되면서부터는 오히려 더 깊이 농 사회와 엮이게 되었다.

그런데 싫지가 않다. 미운 정, 고운 정 다 들었나 보다. 막 무심하다가도 '농인'과 '수화' 얘기만 나오면 말이 많아진다. 음성언어든 수화든 좌우지간 말이 많아진다. 어쩔 수 없이 이젠 농인들과 수화로 인생을 나누고 살지 않으면 신이 나지 않는 삶을 살게 되었다. 맑고 아름다운 농인들의 표정과 그들의 언어인 수화가 그렇게 만들었나보다. 그래서 이 세상에서 가장 아름다운 언어는 수화라고 감히 말해본다.

농인들의 행사와 모임에 참석하면 그저 좋다. 밤늦도록 계속되곤 했던 모임이 막바지에 이르면 누군가 불을 껐다 켜곤 하는데 "이제 그만 하고 돌아가자!"라는 신호이다. 하지만 어느 누구도 신경 쓰지 않는다. 결국 모든 불이 꺼지고, 수화를 주고받는 일이 불가능해지면 돌아갈 사람들은 가버리고, 그래도 아쉬운 사람들은 불평 한마디 없이 불이 켜진 행사장 로비나 현관으로 나가서 하던 얘기를 수화로 계속한다.

그러다 마침내 내몰리듯 건물 밖으로 나가서도 희미한 가로등 불빛이나 아무튼 대화를 주고받을 만큼의 빛이 비치는 곳에는 여전히 아쉬움에 걸음을 떼지 못한 채, 수화로 이야기꽃을 피운다. 밤 깊도록 손으로 대화한다.

그래서일까? 수화는 전라도 사투리로 "짠"하다. 애틋하다. 수화만이 아니라 농 사회도 애틋하게 다가온다. 헤어지기 싫은 마음, 관계의 고리를 끊고 공허한 밤 속으로 들어가길 꺼리는 마음, 바로 그 마음과 마음이 맞닿은 곳이 농 사회이기 때문이다. 직장에서, 학교에서, 지하철과 시장에서 들을 수 있는 사람들에 둘러싸여 하루 온종일 보며 힘들었는데, 말이 통하는 것 같은 농인들과는 잠시 어울리다 헤어지는 것으로는 성에 차지 않는 것이다. 각자의 집으로 가야 하는 시간이 되었음에도 못내 서성대며 아쉬워하는 그들이기에 "짠"하다.

그런데 어쩌면 이런 농 사회에 농인도 아니면서 들어와 함께 지내는 우리 건청인 수화통역사들을 농인들도 "짠"하게 보지는 않을까? '쟤네들은 소리도 듣고, 말도 잘하면서 왜 여기에 와서 저렇게 고생할까? 그리고 많이 힘들 것 같은데, 뭐가 그렇게 좋아서 싱글벙글하며 웃고 다닐까?'라고 생각할지도 모르겠다.

실제 저자들을 포함해서 대부분의 건청인 수화통역사들은 참 밝고 명랑하게 지낸다. 아마도 그런 긍정적이고 쾌활하며 순수한 마음으로 통역할 수 있는 사람들이기에 농 사회에서 수화통역사라는 이름으로 농인들과 '지지고 볶으면서도' 함께 살 수 있는 것이라 본다. 하여튼 이제 나이가 드나보다. 전에는 오로지 농인들만 보이더니 이제는 그들의 입과 귀가 되어주면서 묵묵히 농인들과 함께 하는 수화통역사들도 보이니 말이다.

오늘 한국사회에서 농인들이 자신의 권익을 찾아가고, 사회의 당당한 구성원으로 성공적인 삶을 살 수 있는 데는 농인과 건청인을 연결해주는 전문가인 수화통역사들이 있었기에 가능했다고 본다. 그래서 오래된, 아니 오랫동안 일해 왔던 고참 수화통역사의 입장에서 언제부터인가 수화통역사들과 농인들에 관한 이런저런 상식들과 정보들을 나누고 싶었다. 우리 두 사람이 수화통역을 하면서 놓쳤던 시행착오의 과정을 한창 현역에서 활동하는 후배 수화통역사들과 수화통역사 지망생들만큼은 좀더 성숙된 모습으로 거쳐 가기를 소망하였던 것이다.

사실 많은 수화통역사들이 수화통역을 그토록 오래 했어도 정작 농인들과 수화에 대한 이해와 지식은 의외로 부족하다는 생각이 든다. 그래서 수화통역사 지망생과 수화통역사를 위한 기본적인 '청각장애'와 '농인'에 대한 정보지침서라 할 수 있는 이 책을 세상에 내 놓는다. 학술서적이나 교과서가 아닌, 실제 수화통역을 하면서 농인들과 농 사회와 함께 해야 할 사람들이 기본적으로 알고 있어야 할 것들을 쉽게 정리한 것이 바로 이 책이다.

즉, 수화통역사라면 반드시 알고 있어야 할 농인과 관계된 광범위한 지식들을 간략하게 그러면서도 핵심적인 내용을 놓치지 않는 가운데 재미있게 설명하려고 애썼다. 아마도 수화통역사들과 수화통역사 지망생들에게 큰 도움이 될 것이다.

이제 고마운 분들에게 인사를 하여야 할 것 같다.

무엇보다도 이 책을 쓰는 데 가장 큰 기여를 한 우리가 만난 수많은 농인들에게 큰 고마움을 표현하고 싶다. 그들이 없었다면 지금의 우리도 없었을 것이다.

다음으로는 언제나 스승의 책을 만드는 데 헌신적으로 함께 해주는 자랑스럽고 소중한 제자들에게 감사한다. 강남대학교 사회복지 전문대학원 석사과정을 졸업한 박종미 선생, 석사과정 중에 있는 송누리 조교, 그리고 학부생 이은규 군이 바로 그들이다. 자료를 찾아주고, 정성껏 교정을 봐주었다.

끝으로 이 모든 것을 허락하시고 부족한 사람들을 이끌어주신 하나님께 감사드린다.

2011년 10월

이준우 · 김연신

나남신서 1604

데프 앤 데프

Deaf & deaf

농인과 친구가 되고 싶은 이들을 위한 안내서

차 례

제 2부 언어적 이해

제 3부 교육적 이해

제 4부 사회문화적 이해

제1부

생리학적 이해

청각장애를 가진 농인은 어느 곳, 어느 시대에나 있는 우리의 가족이다. 따라서 우리는 사랑으로 그들과 함께 더불어 살아야 한다. 이는 우리가 먼저 농인을 올바로 이해하고, 그들과 인격적으로 만나야 함을 의미한다(이준우, 2002; 2004b).

이렇게 농인을 잘 이해하고, 인격적으로 만나 궁극적으로 함께 살기 위해서는 무엇보다도 먼저 '청각장애'에 대한 생리학적 이해가 있어야 한다. 청각장애의 특성을 정확하게 인식하고, 농인들이 갖고 있는 '청각장애'를 '있는 그대로' 파악하고, 수용할 때, 진정한 통합이 농인과 건청인 사이에 이루어질 것이다.

안타깝게도 21세기 정보화사회에서 청각장애는 어느 장애보다도 중증장애에 속한다. 과거 육체노동이 주를 이루던 농경사회에서는 생활이 다소 불편했지만 청각장애가 현대사회에서와 같이 큰 문제는 되지 않았다. 그러나 정보가 곧 '경제력'과 '권력'이 되는 현대사회는 청력의 손실로 정보 입수가 지체될 수밖에 없는 농인들을 중증장애인의 범주에 속하게 만들었다. 물론 산업의 발달과 사회 환경의 변화가 농인의 청력 회복을 도와주는 보청기 및 인공와우와 같은 혜택을 가져다준 것도 사실이다. 하지만 이는 제한된 범위 내에서 잔존능력의 향상일 뿐이며, 모든 농인이 이와 같은 혜택을 충분히 받을 수 있는 것도 아니다.

또한 청각장애는 다른 장애와는 달리 외형상으로 드러나는 장애가 아니다 보니, 여러 장애유형 중에 가장 가벼운(?) 장애라는 오해를 받기도 한다. 그러나 청력의 손실은 교육을 어렵게 하고, 이는 취업 및 직장생활의 한계로 이어져 경제생활에도 타격을 가한다. 크게 드러나지 않으면서도 실제로는 일상생활 속에서 상당한 고충을 경험하게 하는 장애가 바로 '청각장애'인 것이다.

그러면서도 자신의 장애를 적극적으로 표현하지 않고 농인들끼리 소통하며 그 모든 불이익을 감수하고 지내는 경우가 다반사이다. 그래서 농인에 대한 구체적인 정보는 잘 알려져 있지 않다. 적극적으로 노력하지 않으면 농인에 대한 이해를 갖기란 쉽지 않은 것이다.

이처럼 관심을 가지고 들여다보지 않으면 이해할 수 없는 농인에 대한 이해를 돕기 위해, 제 1부에서는 농인에 대한 기본적인 정의와 분류, 원인, 출현율에 대해 살펴보고자 한다. 또한 소리와 관련된 여러 특성을 비롯하여 소리의 전달경로가 되는 귀에 관하여 알아보고, 청력을 상실한 농인들이 소리를 듣기 위해 도움을 받는 보청기와 인공와우에 대해서도 살펴봄으로써, 생리학적인 입장에서 농인에 대한 전반적인 이해를 갖고자 한다.

제1장

농인은 누구인가?

우리는 흔히 청각장애를 '숨겨진' 장애 혹은 '소외된' 장애라고 부른다. 왜냐하면 농인들은 겉으로 보기에는 건청인들과 별다른 차이가 없어 보이기 때문이다. 그러나 같은 감각기관의 장애인이지만 농인은 시각에 장애를 가진 시각장애인(맹인)에 비해 생활현장에서 훨씬 복잡하고 어려운 문제를 겪게 된다(Lane, 1988; 이준우, 2004b 재인용).

가령 일반 건청 아동은 태어나면서부터 청각을 통해 많은 것들을 받아들인다. 자기가 듣는 것을 모두 이해하거나 따라할 수는 없지만, 아이는 배우고 있는 것이다. 아이가 서투른 옹알거림을 하게 되면, 대개의 경우 아이가 무엇인가를 비슷하게 따라하려고 한다는 것은 어느 부모나 알고 있다. 이것이 아이로 하여금 주위 환경과 청각적으로 접촉하는 것을 유지하게 해준다. 만약 건청 아동에게 이와 같은 청각적 경험을 하지 못하게 한다면, 건청 아동도 청각장애를 가진 농 아동들 사이에서 나타나는 행동들과 유사한 반응을 보일 것이다.

"미소를 주어라, 그러면 세상이 너에게 미소 지을 것이다"라는 미국 격언이 있는데, 이것은 농인들에게 정확히 적용되는 말인 듯하다. 많은 오해가 단순한 미소에 기인한다. 건청인들이 미소를 짓고 말을 해온다면, 농인들은 이해하지 못한 상태에서도 미소로 되받으며 고개를 끄덕일 것이다. 결과적으로 건청인은 농인이 자신을 이해했다고 믿으나 농인은 그 의사소통에서 실제로 거의 상대방을 이해하지 못한 채 헤어진 것이다. 서로 오해하고 지나간 것이다(Groce, 1985).

이러한 청각장애의 특성으로 농인은 의사소통에 심각한 장애를 가지게 되므로, 그가 가진 실제 능력에 비해 훨씬 낮은 성취 수준을 보이게 된다. 가령 직업에서도 농인은 고도의 지적 과업을 요하는 전문직 진출이 시각장애인(맹인)에 비해 훨씬 어려울 뿐만 아니라 수화라는 의사소통 수단이 있어야만 훨씬 안정적으로 직장생활을 지속해 나갈 수 있다.

사실 사고나 질병으로 인해 안구나 시신경이 파괴된 사람은 비록 실명이 성격에 영향을 미치고, 책읽기에 오랜 시간이 걸린다 할지라도 점자학습이나 말하는 책(*talking books*), MP3, 라디오, 스마트폰 혹은 아이패드 등을 통하여 장애를 보상받을 수 있다. 두뇌의 활발한 기능 그리고 그로 인한 정신적인 활동은 시각상실로 인해 어쩌면 전혀 장애를 받지 않는다고 말할 수 있다.

또한 활동능력 상실이나 손상된 팔다리와 관계된 뇌중추의 영향 등으로 발생하는 지체장애인의 경우도 마찬가지다. 간단히 말해 지체장애는 정상적인 근육운동을 일으키는 팔, 다리로부터 전달되는 뇌세포의 자극 상실일 것이다. 그러나 비록 지체가 장애를 입었다 할지라도 그가 장애에 대해 강한 의지를 갖고, 정신적으로 깊이 통찰한다면, 장애가 정상적인 정신발달에 미치는 영향은 미미하다고 하겠다(이준우, 2004b).

여기서 우리는 큰 차이점을 볼 수 있다. 지체장애와 시각장애는 물질적 세계에만 영향을 끼치는 반면, 청각장애는 물질적 세계에 아무런 영향을 끼치지 않고, 대신에 정신의 세계와 언어의 세계에 영향을 준다. 따라서 '농'은 정신영역의 타격이며 인성(人性)의 손상이고, 의사소통의 장애이다.

아리스토텔레스(Aristoteles)는 인간을 '언어를 가진 존재'라고 정의했다. 이는 언어가 우리 인간의 삶에서 얼마나 중요한지를 단적으로 드러

내주며, 언어가 인간을 인간답게 만드는 가장 중요한 요소라는 점을 강하게 느끼게 한다(Chomsky, 1975).

그런데 이런 언어에 대한 장애를 가진 사람들이 바로 농인이다. 이들은 단순히 귀가 잘 들리지 않고 그로 인해 말을 잘 하지 못한다는 신체적 장애뿐만 아니라, 인간생활의 근간인 언어적 장애까지 겪어야만 한다(Lane, Hoffmeister & Behan, 1996; 이준우, 2004b).

그런데 아직도 농인에 대해 알지 못하는 많은 사람이 '농인' 혹은 '농아인' 내지 '청각장애인'[1]을 단지 말을 하지 못하는 사람 정도로만 이해한다. 그래서 큰 소리로 이야기하면 듣는다고 생각해 그들을 향해 고함치다시피 큰 소리로 이야기하는 모습을 자주 보게 된다. 그러다가 농인이 여전히 이해하지 못하는 표정을 지으면 오히려 이해가 안 된다는 듯 답답해한다. 그러던 중에 농인이 '듣지 못하기 때문에 말을 하지 못하는 것'이라는 설명을 들은 후에는 종종 당황해하곤 한다.

그나마 여기서 끝난다면 다행일 것이다. 큰 소리 때문에 본인에게 집중되는 시선이 부담스러워 얼른 상황을 피하고 싶은 농인이 내용을 이해하지 못한 상태에서 고개라도 끄덕여주는 경우엔 더 큰 오해가 생기게 된다.

이렇게 농인과 '청인' 혹은 '건청인'[2] 사이에는 의사소통의 장벽이 굳건하게 존재한다. 의사소통의 장애는 이 두 부류 사이의 진정한 교류와 통합을 저해하는 핵심적 요소가 된다.

그런데 대부분의 사람들은 농인들이 사회에 통합되지 못하고 소외되

---

1) 장애인복지법에서는 듣지 못하는 사람을 청각장애인이라는 명칭으로 사용하고 있으나 농인 본인들은 '농아인'(聾啞人), '농인'(聾人)이라는 명칭으로 불리기를 원하고 있다. 이 책에서는 가급적이면 농인이라는 명칭을 사용하였으며 부득이하게 '한국농아인협회' 등과 같이 고정된 명칭인 경우에 한해서는 '농아인'으로 사용하기도 하였다.

2) '건청인'(健聽人) 혹은 '청인'(聽人)은 청력이 건강한 사람을 말한다. 농인들은 '비장애인' 이나 '일반인' 이라는 용어보다 '건청인' 내지 '청인'이라고 부르기를 바란다. 이 책에서는 '건청인'이라고 주로 사용하였다.

는 이유가 건청인이 다수인 사회가 소수인 농인들을 수용하지 않는 것이라고만 생각한다. 물론 그렇게 생각할 수도 있다고 본다. 하지만 오래전 조선시대에 우리나라가 쇄국정책을 쓴 것처럼, 같은 시대와 같은 공간에 살면서도 전혀 다른 세계 속에서 다른 문화를 가지고 사는 농인들이 오히려 건청인들을 쉽게 받아들이지 않고 배타적인 모습을 보이는 것도 사회통합의 저해요인으로 볼 수 있다.

실제로 많은 농인들은 자신들만의 공동체를 굳건하게 구축해서 자신들끼리 대화하고, 생활했다. 농아학교를 통해서 철저한 농 문화를 형성했으며 농아인 협회와 농인교회 등을 통해서 농인 중심의 공동체를 이룬 것이다. 이러한 농인공동체는 건청인들이 알 수도 없고, 참여하기도 쉽지 않은 상당히 폐쇄적인 집단이었다.

이처럼 폐쇄적이며 배타적이던 농 사회가 조금씩 열리기 시작한 것은 10여 년 전부터 세워지기 시작해 지금은 각 시·군마다 하나씩 있는 수화통역센터가 생기면서부터이다. 오랜 세월 서로의 생각을 이해하기 위해 필요한 의사소통의 방법이 없었기에 수화통역센터는 건청인과 농인의 가교 역할을 하는 획기적인 사회서비스 기관으로 기능하고 있다.

가령 친구나 연인들이 대화하며 상대에 대해 알아가고, 그 시간과 기억들이 모여 서로를 진정으로 이해할 수 있듯이 작은 일부이지만 서로의 생각을 알아가는 대화가 수화통역센터를 통해 비로소 본격적으로 시작된 것이다. 마치 1800년대 미국의 '마서즈 비니어드' 섬에서 일부 농인들을 위해 지역의 모든 사람들이 수화를 배워 의사소통에 아무런 장벽이 없었던 것(Groce, 1985)처럼 수화를 통한 교류는 건청인과 농인을 하나로 만들어 완전한 사회통합을 이룰 수 있게 하였다.

물론 우리나라에서 수화는 아직도 언어로서 법적·제도적인 차원의 사회적 합의가 분명하게 이루어지지 못했으며, 수화통역센터의 활동과 수화보급이 전 국민적 차원에서 활성화되지 못한 상황이다. 사실 농인이 아닌 이상 그들을 완전히 이해할 수도 없고, 당연히 수화를 배워야 할 필요성도 느끼지 못할 것이다. 그럼에도 수화를 사랑하고 수화를 열심히 사용해서 건청인과 농인과의 교량 역할을 충실하게 수행하려는 사람들이 점차 늘고 있는 것은 매우 바람직한 현상이라고 본다.

진정으로 올바르고 행복한 사회는 사회구성원 '한 사람 한 사람'이 각자의 자리에서 서로를 '있는 그대로' 인정하며 함께 살아가는 것이다. 그런데 참으로 중요한 것은 이렇게 상대방을 이해하고 '있는 그대로' 인정하기 위해서는 우선 상대방에 대한 가장 기본적인 사항을 잘 알고 있어야 할 것이다.

이에 이 장에서는 농인을 이해하는 첫 출발로 청각장애의 개념과 청각장애를 일으키는 원인과 증상 그리고 농인의 출현율에 대해 살펴보고자 한다.

1. 청각장애의 정의

청각장애란 말을 이루는 소리를 듣는 청각기관에 이상이 생기거나 또는 소리를 듣고 뜻있는 말로 해석하는 중추기관에 이상이 생겨 의사소통에 지장이 있는 경우를 말한다. 농인은 청각장애 정도에 따라 '농인'과 '난청인'으로 분류한다(이준우, 2002).

농 인: 청력이 일상생활의 수단으로서 그 기능을 발휘하지 못하는 사람을 말하는데, 출생 시부터 농인으로 태어난 선천적 농인과 출생 후 병이나 사고로 인해 청력을 잃은 후천적 농인이 있다(90dB[3] 이상인 자).

난청인: 주로 큰 소리로 말해야만 듣는 사람을 말하며 일상생활에 현저한 장애가 있는 사람을 말한다.

---

3) dB(*deci Bell*)이란 음의 강도를 의미하는데, 25~30dB은 속삭이는 정도의 강도이며, 40~50dB은 일반적인 대화정도의 강도이고, 60~70dB은 교통소음의 강도이다.

세계보건기구(WHO: World Health Organization)에서는 청력에 따라 90dB 이하를 난청으로 91dB 이상을 농(聾)으로 구분하고 있다. 우리나라에서는 60dB 이상을 장애로 분류하고 있으며 공식적으로는 이들을 모두 청각장애인으로 부르고 있다. 하지만 실제로는 청각기능에 장애가 있는 사람들을 모두 통칭하여 청각장애인 또는 농인으로 혼용하여 사용하며, 의사소통 양식에 따라 수화를 주로 사용하는 사람을 농인이라 하고, 말하기와 독순을 주로 사용하는 사람들을 구화인(혹은 난청인, 농인)으로 구분하여 부르기도 한다(김현주, 2003).

또한 교육적인 관점에서 무어(Moores)는 농은 보청기를 착용하거나 착용하지 않은 상태에서 귀만으로 말을 듣고 이해할 수 없을 정도로 청력손실이 있는 경우이며, 난청은 보청기를 착용하거나 착용하지 않은 상태에서 귀만으로 말을 듣고 이해하는 것이 불가능하지는 않지만 말을 듣는 데 어려움이 있을 정도의 청력이 남아 있는 경우로 정의한다(Moores, 1987; 이규식 외, 2004).

청각장애를 정의하는 데 공식적으로 널리 채택되는 또 다른 정의는 미국 농 학교 집행위원회(The Conference of Executive of American Schools for The Deaf)가 1975년 다음과 같이 정리한 내용이다.

> 청각장애(*Hearing Impairment*)란 청력손실의 정도가 경도에서 최고도에 이르는 청각장애를 모두 포괄하는 의미이다. 여기에는 농과 난청이 모두 포함된다. 농(*deafness*)은 청력손실로 인하여 보청기를 착용하거나, 착용하지 않은 상태에서 청각으로 언어정보를 성공적으로 처리할 수 없는 상태를 말한다. 반면 난청(*hard-of-hearing*)은 보청기를 사용하면 청각으로 언어정보를 처리할 수 있을 정도의 잔존청력을 지닌 것을 의미한다.

우리나라 장애인복지법에서는 '청각장애로 인하여 장기간에 걸쳐 일상생활 또는 사회생활에 상당한 제약을 받는 자로서 대통령령으로 정하는 기준에 해당하는 자'를 청각장애인으로 규정한다. 그리고 〈표 1-

1>에서와 같이 청각장애인의 청각장애 등급은 들리는 소리의 정도와 평형기능에 따라 장애의 정도가 심한 장애인과 장애의 정도가 심하지 않은 장애인으로 각각 구분한다.

한편 최근 청각장애 당사자들을 중심으로 사회문화적 관점에서의 청각장애라는 개념이 강력하게 제기되어 점차 확산되고 있다. 이러한 새로운 '청각장애'의 개념에서 가장 먼저 '청각장애인'이라고 하는 용어부터 문제가 있다고 주장한다. 청각장애인은 '농인' 내지 '농아인'이라고 불려야 한다는 것이다. 농인은 청력에 문제는 있지만 그렇다고 해서 장애인은 아니라는 것이다. 오히려 '농인'이란 한국어와는 다른 언어인 한국수화를 사용하는 언어적 소수집단의 구성원이라 할 수 있다는 것이다(이준우, 2004b).

이는 '농인 = 귀가 들리지 않는 사람', 즉 '장애인'이라고 하는 병리적 관점에서부터 '농인 = 한국수화를 일상언어로서 사용하는 사람', 즉 '언어적 소수집단의 구성원'이라는 사회문화적 관점으로의 전환을 의미한다. 이와 같은 관점의 전환은 농인이 사용하는 수화가 음성언어와 비교해서 전혀 손색이 없는 완전한 언어라는 인식을 근거로 하여 가능하게 된 것이다(기무라 외, 2002).

〈표 1-1〉 농인의 청력장애 등급 및 구분

장애등급		장애정도
청력을 잃은 사람	장애의 정도가 심한 장애인	두 귀의 청력을 각각 80데시벨 이상 잃은 사람 (귀에 입을 대고 큰 소리로 말을 해도 듣지 못하는 사람)
	장애의 정도가 심하지 않은 장애인	① 두 귀에 들리는 보통 말소리의 최대 명료도가 50퍼센트 이하인 사람 ② 두 귀의 청력을 각각 60데시벨 이상 잃은 사람(40센티미터 이상의 거리에서 발성된 말소리를 듣지 못하는 사람) ③ 한 귀의 청력을 80데시벨 이상 잃고, 다른 귀의 청력을 40데시벨 이상 잃은 사람
평형기능에 장애가 있는 사람	장애의 정도가 심한 장애인	양측 평형기능의 소실로 두 눈을 뜨고 직선으로 10미터 이상을 지속적으로 걸을 수 없는 사람
	장애의 정도가 심하지 않은 장애인	평형기능의 감소로 두 눈을 뜨고 10미터 거리를 직선으로 걸을 때 중앙에서 60센티미터 이상 벗어나고, 복합적인 신체운동이 어려운 사람

자료: 장애인복지법 시행규칙(2019. 6. 4. 개정) 별표 1 규정에서 발췌.

2. 청각장애의 분류와 원인

청각장애의 분류에는 여러 가지 방법이 있으나 여기에서는 청각장애 발생부위에 따른 분류와 청각장애 발생원인에 따른 분류로 나누어 살펴보고자 한다.

1) 청각장애 발생부위에 따른 분류

장애발생부위에 따라 전음성 난청, 감각신경성 난청, 혼합성 난청, 중추신경성 난청으로 구분할 수 있다.

(1) 전음성 난청(*Conductive Hearing Loss*)

전음성 난청은 소리가 전해지는 길인 외이와 중이의 손상으로 소리가 내이까지 정확하게 전달되지 못하는 상태를 말한다. 전음성 난청의 원인에는 선천성 외이도 폐쇄증이나 귀지가 도관 내부에 굳어서 소리를 막는 경우와 외이도염, 고막손상, 급·만성 중이염, 이경화증 등의 질병이 있다.

(2) 감각신경성 난청(*Sensorineural Hearing Loss*)

감각신경성 난청은 소리를 느끼는 감각세포와 감각신경인 내이의 손상으로 음이 달팽이관이나 와우신경에 전달되지 않는 상태를 말한다. 원인에는 선천적 질환, 유전, 뇌염, 감염성 질환(홍역, 유행성 이하선염, 수막염), 약물 남용, 메니에르 질환, 머리나 귀의 외상 또는 노화 등으로 인한 질환이 있다.

(3) 기능성 난청(*Pseudohypacusis Hearing Loss*)

심리적 요인으로 청각기관에 아무런 기질적 장애가 없음에도 청각장애가 생기는 심인성 난청(心因性難聽, *Psychogenic Hearing Loss*)을 말한다.

(4) 중추신경성 난청(*Central Auditory Processing Disorder*)

청신경 또는 중추신경계의 손상으로 발생하며, 원인으로는 두부손상, 질병, 종양 등이 있다.

(5) 혼합성 난청(*Mixed Hearing Loss*)

두 가지 이상의 난청이 혼합되어 일어난 난청으로 주로 전음성 난청과 감각신경성 난청을 같이 가지고 있는 경우가 많다.

2) 청각장애 발생원인에 따른 분류

청각장애 발생원인에 따라 선천적 원인, 출생 시 원인, 후천적 원인에 의한 난청으로 구분할 수 있다(이준우, 2004b).

(1) 선천적 원인

청각장애 발생원인이 출생 전에 있는 유전성 난청(遺傳性 難聽)은 모두 선천성 난청(先天性 難聽)에 속하나, 여기에는 비유전적 원인도 있어 선천성 난청이 모두 유전성 난청에 속하는 것은 아니다. 선천적 원인에 의한 청각장애 발생원인을 구체적으로 살펴보면 다음과 같다.

① 가족성 내이성 난청(家族性 內耳性 難聽, *Familial Labyrinthine Deafness*)

유전질환으로, 출생할 당시에는 청력에 이상이 없다가 생후 몇 년이 지나면서 난청이 진행되는 경우를 말한다.

② 선천농(先天聾, *Congenital Deaf-mutism*)

유전자 이상에 의해 고도의 난청아로 태어나는 경우로서 내이의 형성에 이상이 있는 상태이다.

③ 유전성 난청 증후군(遺傳性 難聽 症候群, *Hereditary Deafness Syndrome*)

유전성 난청 중에는 난청과 동시에 나타나는 증상들이 있는데, 이렇게 동반된 증상들은 이 증상들을 발표한 사람의 이름을 붙인 와덴부르그(Waardenburg) 증후군, 우셔(Usher) 증후군, 반데르하우브(van der Hoeve) 증후군, 알포트(Alport) 증후군, 펜드레드(Pendred) 증후군 등 수십 종의 증후군으로 구분된다.

④ 청기 기형(聽器畸形, *Hearing Deformity*)

선천성 외이도 폐쇄증, 중이 기형, 내이 기형과 같은 청기의 선천성 형성 이상을 말한다.

⑤ 이경화증(耳硬化症, *Otosclerosis*)

유전적 요인이 큰 것으로 알려진 이경화증은 중이의 난원창 부위의 뼈가 지나치게 자라서 생기는 병으로 이명과 진행성 난청을 일으킨다.

⑥ 비유전적 원인

유전적 원인은 아니지만 선천적 원인에 들어가는 비유전적 원인으로는 풍진, 선천매독(先天梅毒)과 같은 모체 감염과 임신 중 모체에 투여된 약물(스트렙토마이신, 카나마이신, 겐타마이신, 네오마이신, 아스피린, 이뇨제 등)에 의한 난청이 있다.

(2) 출생 시 원인

미숙아, 신생아의 중증 황달 혹은 출산 시 외상(저산소증)으로 인한 가사상태, 내이도나 뇌의 출혈로 인한 난청이 있다.

(3) 후천적 원인

후천적 원인은 매우 다양하지만 가장 빈번하게 나타나는 원인들을 중심으로 설명하면 다음과 같다.

① 약물남용 및 바이러스 감염

스트렙토마이신이나 카나마이신 등과 같은 항생제의 남용이나 홍역, 볼거리, 백일해와 같은 바이러스 감염 등에 의해 나타난다.

② 음향에 의한 난청

음향에 의한 난청은 급성 음향성 난청과 만성 소음성 난청으로 나눌 수 있다. 급성 음향성 난청은 평소에 듣지 못하는 강대한 소리를 갑자기 듣게 됐을 때 청각기관이 손상되는 경우며, 만성 소음성 난청은 한 번 들어서 귀가 큰 장애를 받을 정도의 강한 소리는 아니나 매일같이 소음을 들음으로써 자신도 모르는 사이에 청각기관이 손상되는 경우이다(이규식 외, 2004).

③ 외상(外傷)에 의한 난청

끝이 예리한 것에 찔려서 고막, 중이, 내이 등이 손상을 입는 경우, 기압의 급격한 변화로 인한 고막파열 및 내이의 기압외상, 머리에 타박으로 인한 두부외상, 목 뒷부분에 강한 타박이나 충돌사고 등에 의한 경부외상에 의한 난청을 말한다.

④ 메니에르병(*Meniere's Disease*)

1861년에 프랑스 의사 메니에르(Meniere)가 처음 발견한 병으로 달팽이관과 세반고리관에 물혹이 생겨 난청·현기증·귀울림 등을 일으킨다.

⑤ 돌발성 난청(突發性 難聽, *Sudden Deafness*)

갑자기 귀가 들리지 않거나, 난청 발생을 전후해 이명이나 현기증, 구토를 동반하는 경우도 있다. 발생원인은 명확하지 않으나 주로 사회적 활동이 많은 30세에서 59세 사이에 나타나며, 스트레스가 많은 직업에서 많이 나타난다.

⑥ 노인성 난청(老人星 難聽, *Presbycusis*)

나이가 들면서 청력이 나빠져 소리를 잘 듣지 못하게 되는 노인성 난청은 노화로 인한 퇴행으로 나타난다.

⑦ 중이염(中耳炎)에 의한 난청

중이염은 귀의 고막 안쪽인 중이 부분에 염증이 생긴 것을 말한다. 대부분 감기나 비염의 합병증으로 생긴다. 3세까지 1년에 한 번 정도 거치고 지나갈 정도로 흔한 질병으로 많은 농인들 중 상당수가 이 경우에 해당한다. 중이염에는 급성중이염, 만성중이염, 이관협착증, 삼출성 중이염 등이 있다.

이렇게 청각장애의 발생부위와 발생원인은 상당히 다양하다. 이는 같은 농인이라 하더라도 실은 각 개인별로 크게 다를 수 있음을 시사한다. 생리학적인 청각장애의 차이는 결과적으로 농인의 인성과 심리·사회적·교육적 능력 등에도 영향을 미칠 수 있으므로 수화통역사는 이와 같은 여러 가지 현실을 충분히 인식하고 통역업무를 수행해야 한다. 단 주의해야 할 것은 이러한 지식이 혹여나 낙인이나 꼬리표 붙이기(*labeling*)가 되지 않도록 하여야 한다는 점이다.

3. 농인의 출현율

우리나라의 장애인 수는 1988년 11월 처음 장애인 등록을 시작한 이래 매년 등록률이 급속히 높아지고 있으며 2009년 12월 현재 242만 9천 547명이다. 농인의 경우 2009년 12월 현재 24만 5천 801명으로 전체 장애인 중 10%를 차지하고 있다(보건복지부, 2010).

〈2010 보건복지통계연보〉에 따르면 우리나라의 장애인 출현율은 1990년 2.23%에서 2005년 4.59%로 2.36% 증가하였다. 출현율의 증가는

'장애인복지법' 개정[4]에 따른 장애 범주의 확대에서도 일부 그 원인을 찾을 수 있다. 농인의 경우 1990년 0.25%에서 2005년 0.40%로 0.15% 증가하였다(보건복지부, 2010). 이는 인구 천 명에 4명 정도의 농인이 나타나고 있다고 할 수 있다. 농인 출현율이 증가한 이유는 노인인구가 늘면서 노인성 질환인 난청이 증가했기 때문이다.

청각장애 발생의 주된 원인은 '2008년도 장애인 실태조사'에 따르면 후천적 원인이 87.2%로 가장 많았는데, 후천적 원인을 세분화하면 질환이 73.8%, 사고가 13.4%였다. 그리고 선천적 원인이 7.1%, 원인 불명이 5.6%, 출생 시 원인이 0.1%의 순이었다. 실제로 농인 10명에게 청각장애를 가지게 된 원인을 물으면 6~7명이 어려서 열병으로 청력을 잃었다고 답하고 있는 것을 볼 수 있다(보건복지부 · 한국 보건사회 연구원, 2009).

이상과 같은 농인의 출현율을 살펴보면서 꼭 염두에 두어야 할 것은 우리나라의 농인들은 대부분 후천적이면서도 어릴 때 청각장애를 갖게 되었기 때문에 심리 · 사회적이며 교육적인 어려움들을 상당히 많이 경험했을 것이라는 점이다. 이는 수화통역사들이 통역 현장에서 청각장애를 갖고 있는 농인들을 만날 때, 그들의 심리 · 사회적인 문제들과 교육적 한계 등을 충분히 고려하여야 함을 의미한다.

---

4) 1981년 '장애인복지법' 제정 시 장애종류는 지체장애, 시각장애, 청각장애, 언어장애, 지적장애로 협소하게 인정하였다. 1999년 개정되면서 뇌병변장애(뇌성마비), 정신장애, 심장장애, 신장장애, 자폐성장애가 장애 범주에 포함되었고, 2003년 개정되면서 호흡기장애, 간장애, 안면장애, 장루 · 요루장애, 간질까지 장애의 범주가 확대되었다.

제 2 장

어떻게 듣나?

아마도 물고기가 물의 고마움을 못 느끼고 사는 것처럼(이건 물론 100% 추측이지만), 사람이 늘 숨 쉬고 있으면서도 공기의 고마움을 모르는 것처럼, 우리는 항상 소리에 대해 어떤 특별한 개념을 인식하지 못하고 지내는 경우가 많다. 그러나 만일 세상에서 소리가 없어지거나 혹은 내가 소리를 못 듣는다고 가정할 때, 그 세상은 우리가 아직까지 전혀 상상해 보지 않았던 지금과는 전혀 별개의 이질적인 것이 되고 만다(이준우, 1994; 2002; 2004b).

가령 영화관에서 재미있게 영화를 감상하다가 갑자기 스피커 이상으로 소리가 나지 않을 때, 우리는 무슨 일이 벌어지고 있는지를 단지 그림만 보고 이해해야 되는 상황에 놓이고 만다. 만약 이런 경험을 하게 된다면 소리가 없는 세상이 얼마나 답답한지를 단편적이나마 상상해 볼 수 있을 것이다. 영화관의 스피커는 고장이 나면 고칠 수도 있고, 또 영화관 밖으로 나오면 늘 일상적으로 생활하는 소리의 세계로 돌아올 수 있지만, 농인은 평생을 무성영화의 세계에서 살아가야 한다(이준우, 2002; 2004b).

우리는 귀를 통해 소리를 듣지만 농인은 듣는 능력의 결함 때문에 소리를 듣지 못하게 된다. 듣는 능력은 소리가 들리려면 얼마나 큰 소리가 필요한지에 따라서 가변적이다. 청각은 또한 들리는 소리의 높이 수준에 따라 달라진다.

어떤 농인들은 베이스 전자 기타에서 나는 소리 같이 낮은 주파수의 소리를 조그만 종소리 같이 높은 주파수 소리보다 더 잘 듣기도 한다. 어떤 주파수의 소리는 잘 못 듣는 농인들도 있다. 이러한 현상을 이해하기 위해서는 소리의 물리적 특성, 소리의 생성과 전달, 지각에 관련된 사항을 이해할 필요가 있다.

제2장에서는 소리와 관련된 여러 특성을 비롯하여 소리의 전달 경로가 되는 귀에 대해 알아보고자 한다. 또한 농인들이 소리를 들을 수 있도록 도와주는 의학적 방법들을 알아봄으로써 농인들에 대한 이해를 돕고자 한다.

1. 소리의 특성

소리는 진동에 의해 생성되고, 진동은 소리를 전달하는 매개체를 움직여 진동파를 형성해 우리에게 전달된다. 소리의 진동파는 공기를 매개체로 하는데, 공기에 힘이 가해지면 움직인 후 다시 제자리로 돌아오고자 하는 탄성과 물체가 정지되어 있어 운동하는 상태를 유지하려 하는 관성이 있다. 이 두 가지 성질에 의해 음파가 형성되는데, 음파가 우리 귀에 물리적으로 충격을 주었을 때만이 우리는 소리를 듣게 된다.

소리 하나하나를 정확히 설명하는 데 필요한 매개 변수에는 주파수(진동수), 주기, 세기, 음색과 같이 네 가지가 있다(이준우, 2004b; Fain, 2005).

주파수(*frequency*)는 소리의 높이와 같은 것으로 1초에 생기는 진동의 회전(*cycle*) 수를 가리킨다. 측정단위는 헤르츠(*Hertz*)인데, 약자로

Hz라 한다. 인간의 귀는 정상적으로 20~20,000Hz에 이르는 범위 내의 소리를 들을 수 있다.

사람의 정상적인 말을 이해하는 데 필요한 주파수의 영역은 대략 400~3,000Hz에 걸쳐 있다. 피아노의 최저음부는 대략 30Hz이고 최고음부는 4,000Hz 정도이다. 주기는 주파수와 반비례 관계에 있는 것으로(주기=1/주파수), 진동이 한 번 완전히 이루어지는 데 걸리는 시간을 말한다. 주기는 초로 표시한다.

세기는 진폭이라고도 하며, dB로 표시된다. 강한 소리인지 약한 소리인지를 결정한다. 사람의 귀가 들을 수 있는 소리의 세기는 0dB에서 120dB까지다. 40~50dB의 소음(아파트나 사무실에서 나는 소리, 정상적인 대화 등)은 듣기 편안한 세기이고, 60~70dB의 소음(도로나 식당, 교실에서 나는 소리, 진공청소기 소리 등)은 귀가 약간 피로를 느끼는 세기에 해당한다.

80~100dB의 소음(이어폰으로 듣는 음악, 개 짖는 소리, 교통량이 많은 도로나 복잡한 구내식당, 디스코텍에서 나는 소리, 굴착기, 비상벨, 경주용 오토바이 소음 등)은 귀에 이상을 야기할 수 있고, 120dB 이상의 소음(비행기가 이륙할 때의 소리, 경주용 자동차 소리)은 귀에 고통을 주는 수위를 훨씬 웃돈다.

음색은 고주파의 수와 성질에 따라 정해지며, 어떤 소리가 듣기 좋고 나쁜지를 결정한다. 고주파가 많을수록 소리가 더 풍성하고 따뜻하게 들린다. 하지만 너무 많을 경우에는 휘파람 소리나 날카로운 금속음처럼 들린다.

2. 귀의 구조와 기능

1) 소리를 전하는 귀의 구조

우리의 귀는 외이, 중이, 내이로 나눈다.

외이는 귓바퀴(이개)와 외이도를 말하며 소리를 모아 안쪽으로 전달해준다. 중이는 고막, 이소골, 중이강, 이관(유스타키오관)을 말하며 소리를 전달하는 역할과 함께 소리를 증폭시키는 역할을 한다. 이소골은 우리 몸에서 가장 작은 뼈인 추골, 침골, 등골 세 개의 뼈로 이루어져 있다. 내이는 전정기관과 와우관을 말하며 외이와 중이를 거쳐 들어온 소리 에너지를 물리적 에너지로 바꾼다.

〈그림 2-1〉 귀의 구조

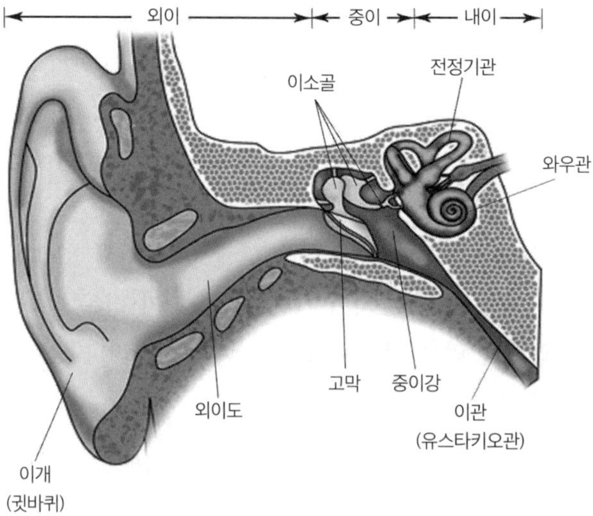

2) 소리의 크기를 조절하는 귀

보통 귀라고 하면 귓바퀴를 떠올리지만 귓바퀴는 소리를 모으기 위한 부분에 지나지 않는다. 실제로 소리를 듣는 곳은 대뇌의 청각영역으로 뇌가 소리를 인지하기까지는 복잡한 과정을 거친다(Fain, 2005).

귓바퀴에 모인 소리는 외이도를 지나가게 되는데, 외이도는 미세한 털과 피부의 기름샘에서 분비되는 귀지가 있어 이물질이 들어오는 것을 막아 섬세한 중이가 다치지 않도록 보호한다. 보호기능 이외에도 귓바퀴와 외이도는 어떤 소리를 선택하여 지원하고, 크게 진폭시킬 수 있다. 외이도를 통해 들어온 소리는 고막으로 전달된다.

고막은 소리의 크기와 높낮이에 따라 진동하는데, 소리가 크면 크게, 작으면 작게 진동한다. 이 진동은 추골, 침골, 등골로 이루어진 이소골을 지나 내이로 간다. 이소골은 고막에서 전해진 진동이 너무 크면 작게, 너무 작으면 크게 소리를 조정한다.

3) 평형감각을 유지하는 귀

내이는 와우관과 전정기관으로 되어 있다. 와우관은 달팽이 모양으로 이루어져 있으며, 소리의 진동을 전기 신호로 바꾸어 청신경으로 전달하는 기능을 한다.

와우관 옆에 있는 반고리관 및 전정기관이 평형감각을 맡고 있다. 반고리관은 3개의 관으로 구성되어 있으며, 반고리관 내부는 림프액으로 채워져 있고, 일정 부위에 유모세포가 있어 몸을 회전시키다가 갑자기 멈추면 림프가 몸 회전과 반대방향으로 움직여 감각털이 자극되어 운동이나 회전을 감각하게 된다.

전정기관은 직진운동의 수용기관으로 타원주머니와 원형주머니로 이루어져 있으며, 내면에 유모세포가 있고 그 끝에 이석(耳石)이 있어 몸이 기울게 되면 이석이 한쪽 방향의 감각 섬모만을 자극하게 되어 몸의 기울기를 느끼게 된다. 이 기관들에 의해 사람의 몸은 평형을 유지할 수 있는 것이다.

3. 보청기와 인공와우

보청기와 인공와우는 농인들이 소리를 들을 수 있도록 도와주는 청각 보조기기로, 보청기는 소리를 전기적으로 크게 증가시키는 증폭기이고, 인공와우는 청신경을 직접 자극하는 전기를 발생시키는 장치이다(이준우, 2004b).

보청기는 외부의 소리를 농인의 대뇌피질까지 전달하고자 하는 공통의 과제를 수행하기 위해 잔존청력에 의존하여, 건청인과 동일한 청각경로를 따라 외부에서 기계적으로 증폭된 소리를 발생시켜 내부로 전달시켜주는 장치이고, 인공와우는 외이나 중이 및 내이의 유모세포라고 하는 청각 전달 경로를 무시한 채 외부의 소리를 전달받아 전기를 발생시켜서 청신경까지 직접 전달해주는 장치라고 할 수 있다(박미혜, 2003).

1) 보청기

(1) 보청기의 구조

보청기에는 다양한 종류가 있다. 그러나 보청기의 기본구조는 같다. 음성신호를 모아 전기음향신호로 바꾸는 마이크로폰, 변환된 전기신호를 크게 하는 증폭기, 증폭된 소리를 다시 음성신호로 변환하여 귀 안쪽으로 출력하여 주는 이어폰, 그리고 전원을 공급하여 주는 건전지로 되어 있다.

(2) 보청기의 분류

보청기 내부의 신호처리 방식에 따라 아날로그형, 디지털 프로그램형, 디지털형으로 분류할 수 있으며, 착용 위치에 따라 고막형, 귓속형, 귀걸이형, 안경형, 상자형 등으로 분류할 수 있다(김승국 외, 1998; 이규식 외, 2004).

① 신호처리 방식에 따른 분류

아날로그형 보청기는 원음의 아날로그파가 별도의 신호변환과정이나 처리과정 없이 소리만 증폭시켜주는 것이다. 가격이 저렴하긴 하지만 청력손실의 다양성을 보완하기는 어렵다.

디지털 프로그램형 보청기는 증폭기는 아날로그 방식이고, 조절장치는 디지털 방식으로 되어 있다. 특징은 청력손실의 형태가 일반적인 보청기로 충분한 활용이 불가능할 때, 보다 섬세하고 자세한 조절을 가능하게 해준다.

디지털형 보청기는 가장 최근에 개발된 보청기로서 아날로그 보청기가 소리신호를 전기신호로 변환되는 과정에서 최대출력 이상의 증폭이 요구될 때 음의 왜곡을 유발하는 것과는 다르게 소리를 0과 1로 대표되는 신호로 바꾸어 저장한 후 컴퓨터를 통해 변조하여 다시 음신호로 바꾸는 방법을 사용하기 때문에 보다 유연성이 높은 것이 두드러진 장점이라 할 수 있다.

② 착용 위치에 따른 분류

고막형 보청기는 보청기 중 가장 작은 보청기로서, 귓속(외이도)에 완전히 들어가 밖에서 보이지 않는다는 장점은 있으나, 증폭할 수 있는 범위가 작아 청력손실이 크지 않은 경우에 적당하다. 또한 어린이는 외이도가 커지면 보청기를 다시 바꿔줘야 한다는 단점이 있다.

귓속형 보청기도 고막형 보청기와 같이 귓속(내이도)에 맞추어 제작하기 때문에 편안하게 착용할 수는 있으나 어린이, 아동은 자라면서 귓속형 보청기를 계속 바꿔줘야 한다는 불편이 있다. 또한 넓은 주파수대 혹은 특정한 주파수를 강조할 필요가 있을 경우에는 적합하지 않다.

〈그림 2-2〉 고막형 보청기

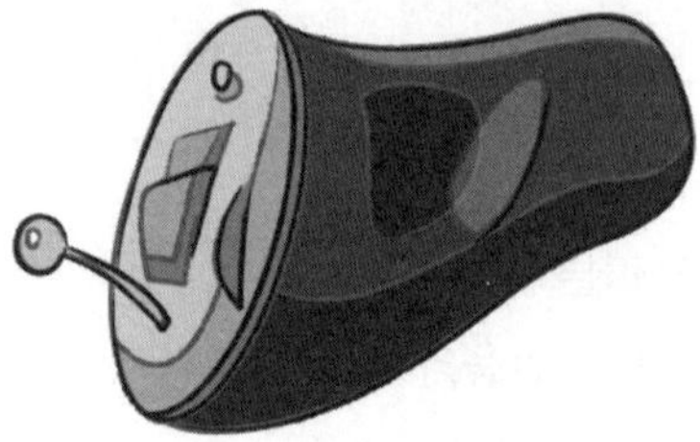

〈그림 2-3〉 귓속형 보청기

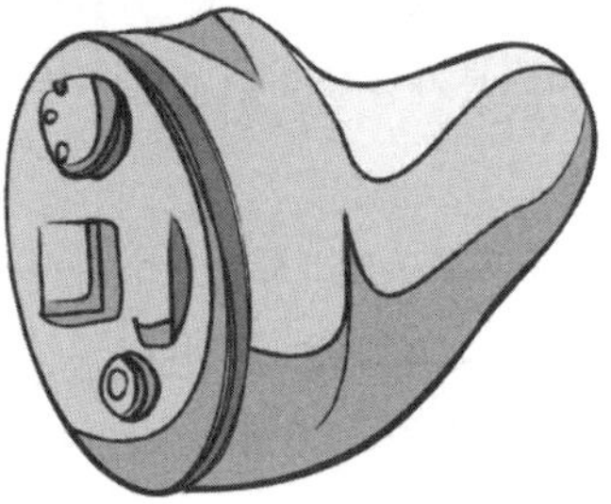

〈그림 2-4〉 귀걸이형 보청기

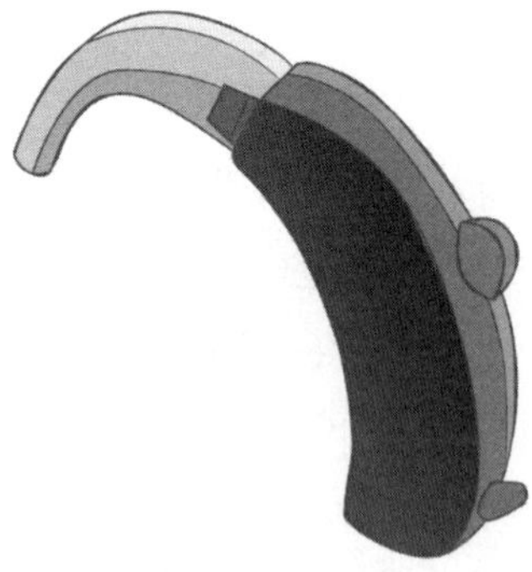

〈그림 2-5〉 안경형 보청기

〈그림 2-6〉 상자형 보청기

귀걸이형 보청기는 증폭의 범위가 커서 광범위한 청력손실에 사용이 가능하고, 조절이 쉽다는 장점이 있다. 고막형 보청기나 귓속형 보청기보다는 크지만 상자형 보청기에 비해 현저히 작다. 아동이나 노인에 이르기까지 귓바퀴에 걸어서 편안하게 착용할 수 있다.

안경형 보청기는 귓속질환으로 인해 외이도에 문제가 있어 귓속형이나 귀걸이형 보청기를 사용할 수 없는 경우에 사용하게 되는 골전도식 보청기이다. 마이크로폰으로 들어온 소리를 증폭기에서 증폭한 후에 진동자를 통해 소리를 전달하는 방식이다.

상자형 보청기는 증폭을 크게 하고, 주파수 범위를 넓게 할 수 있다는 장점이 있으나 크기가 크다는 단점이 있다. 다른 보청기와는 달리 보청기의 리시버가 마이크로폰이나 증폭기와 같은 상자 안에 있지 않고 분리되어 있으며, 코드로 증폭기에 연결되어 있다(이규식 외, 2004). 이 보청기는 주로 중증의 청력손실을 가지고 있는 경우에 사용한다.

2) 인공와우

(1) 인공와우 이식 장치의 구조

인공와우 이식장치의 구조는 크게 체외부분과 체내부분으로 나뉜다. 체외부분은 귀걸이형 마이크로폰(송화기), 어음처리기(언어합성기),

〈그림 2-7〉 인공와우 이식 장치의 구조

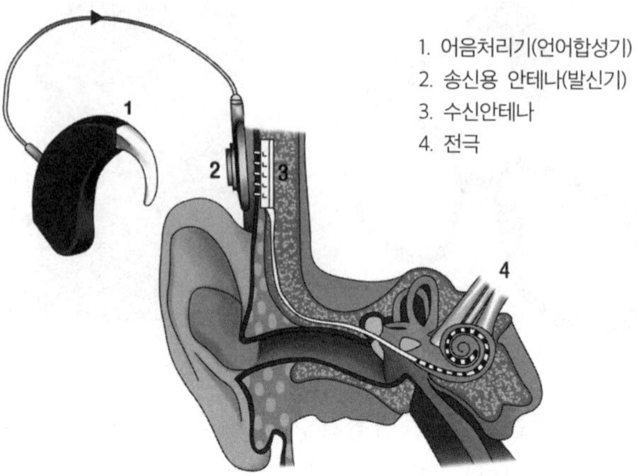

자료: 허승덕 외(2006). p.33.

송신용 안테나(발신기)로 구성되어 있는데, 마이크로폰과 송신용 안테나를 합쳐서 헤드셋이라고 한다. 체내부분은 수신안테나와 이와 연결되어 와우 속으로 삽입되는 전극부분으로 이루어진다.

귀 뒤에 걸린 헤드셋에 설치된 마이크로폰(송화기)에 의해 감지된 소리가 얇은 전선을 따라 어음처리기로 전달되면 어음처리기에서 소리를 거르고 분석하여 부호화된 디지털 신호로 바꾸어 준다. 이 신호는 다시 전선을 통해 송신용 안테나로 이동한다. 여기서 체내안테나로 신호가 전달되면 신호가 해독되어, 수신안테나 끝에 부착된 여러 개의 전극을 통해 전기신호가 청신경을 자극하게 되고, 자극이 대뇌로 전달되면 비로소 신호를 소리로 감지하게 되는 것이다.

(2) 인공와우 수술

인공와우 수술의 발전에 따라 대상자 선정기준도 많이 달라졌다. 미국 식약청(FDA: Food and Drug Administration)에서는 1984년에 처음으로 인공와우 수술을 허가하였고, 그 후 연령의 한계를 2세 이상으로 하였다. 그 후로 연령은 점차 낮아지게 되었고, 현재는 12개월 이후의 아동부터 인공와우 수술이 가능하다. 난청의 정도도 인공와우 수술 초기에는 완전 농인 아동이 대상이었으나, 현재는 고도난청 이상으로 난청의 범위도 확대되었다(민병란 외, 2007).

인공와우 수술은 내이의 와우(달팽이관)에 유모세포의 역할을 대신해 소리를 전달해줄 기기를 삽입해야 하므로 귀의 뒷부분을 절개하게 된다. 유양돌기에 구멍을 만들어 와우가 보이면 전극을 삽입하고, 인공와우의 일부인 수신안테나를 고정시킨다.

수술 후 수술부위가 아물면 외부 이식기를 착용하게 되고, 삽입된 전극이 편안하고 적절한 음 자극을 청신경에 직접 전달할 수 있도록 여러 가지 변수를 조절하고, 이들 정보를 어음처리기에 저장하는 매핑(*Mapping*) 과정을 거치게 된다. 매핑은 수술 후 한 달 동안은 일주일에 한 번씩 조절하게 되고, 한 달이 지나면 3개월 뒤, 6개월 뒤에 단계적으로 조절한다.

보청기는 간단히 착용하고 벗을 수가 있으나 인공와우 수술은 인체 내에 전기장치들을 이식해야 하므로, 보청기가 효과가 없으면 인공와우 수술을 선택할 수 있으나 인공와우는 효과가 없다 해도 다시 보청기를 선택할 수가 없다. 따라서 인공와우 수술을 선택할 때는 신중해야 한다.

(3) 인공와우의 유형

인공와우는 전 세계적으로 20개 이상 개발되었다. 각각의 기기는 다양한 재료로 만들어지며, 다양한 모양과 독특한 특징, 장점과 단점을 가지고 있다. 그중 가장 많이 사용되는 것이 호주, 미국, 오스트리아 제품이다. 인공와우의 기본원리와 구성은 세 제품 모두 동일하나, 모양이나 착용방식, 활성 전극의 수와 말소리 처리방식, 그리고 수술절차 등에 차이가 있다(윤미선 외, 2007). 각국에서 개발된 인공와우의 유형은 어음처리기의 형태에 따라 박스형과 귀걸이형으로 나눌 수 있다.

귀걸이형 인공와우는 보청기와 비슷한 모양을 가지고 있으며 별도로 착용하지 않아도 되는 편리함 때문에 많이 사용한다. 하지만 여름에 땀이나 물 때문에 기기의 고장이 잦을 수 있고, 충격을 쉽게 받을 수 있다. 박스형 인공와우는 아동의 가방에 넣거나 벨트에 연결하여 옷 안쪽이나 등 뒤에 메고 다닌다. 이는 일상에서 일어날 수 있는 일들로부터 기기가 손상되지 않도록 보호할 수 있다. 또한 충격이나 분실의 위험이 적고, 상대적으로 크기가 작은 귀걸이형에 비해서 기억할 수 있는 메모리의 크기가 조금 큰 장점이 있다.

이처럼 소리를 들을 수 있도록 지원해주는 다양한 방법들로 인해 농인들은 일상생활 속에서 다소나마 소중한 소리를 들으며 살아갈 수 있는 것이다. 이러한 도움을 통해 회복한 청각이 얼마나 중요한 것인지를 부가적으로 보충하면, 정상적인 청력은 세 가지 뚜렷하게 차이가 나는 수준에서 작동한다(이준우, 2004b).

청각(듣기)은 첫째, 자유롭고 쉬운 의사소통을 구두로 할 수 있도록 허용해준다. 누군가 "소방차"라고 말하면 그 말은 즉시 듣는 이의 마음에 어떤 특정한 그림을 그려준다. 이런 의사소통이 자기 자신 이외의 세계와 접촉케 하는 통로이다.

청각(듣기)의 두 번째 중요한 기능은 경보이다. 행동을 유발하려면 말이 아니라 오히려 '사이렌'과 같은 날카로운 소리가 필요한 때가 있다. 잠을 자고 있건 깨어 있건, 하고 있던 일이 무엇이던 간에, 우리의 뇌는 계속적으로(그리고 무의식적으로) 위험신호를 찾아 주위를 감시하며 뭔가 심상치 않은 것이 있으면 이 내장된 보안장치에게 경고를 해주는 것이다.

그런데 농인은 이 내장된 보안장치가 없는 것이다. 그는 자신의 눈에 의존해야 하는데, 눈은 모든 방향으로 기능한다. 농 아동이 놀고 있는 것을 눈여겨보라. 그 아이는 놀이를 하는 중에도 빈번하게 눈을 들어 자신의 주변을 살펴본다. 창문을 통해 들어오는 광선의 미묘한 변화도 그의 주의를 끈다. 아주 미세한 마루의 진동도 발생할 수 있는 위험에 대해서 그에게 경고해준다.

이러한 상황을 농인이 이해하지 못한다면, 건청인보다 농인 자신이 무의식적으로나마 덜 안전하다고 여길 것이다. 그래서 딱히 그 이유는 알지 못하면서도 익히 잘 알고 있는 주위환경이 아니면 거기에서 놀려고 하지 않을 것이다. 그저 웬일인지 불안하다고 느껴지기 때문이다.

청각(듣기)의 세 번째 기능은 건청인을 "삶의 맥박"과 계속 접촉하게 해주는 것, 바로 그것이다. 새들의 지저귐, 나무사이로 바스락거리며 지나가는 바람소리, 졸졸 흐르는 작은 시냇물 소리, 양철 지붕 위에 토드락거리며 떨어지는 빗소리… 이들 모두가 삶과 희망과 행동에 대하여 말하고 있다.

이와 같은 취지로 리바인(Levine) 박사는 다음과 같이 말하고 있다(Levine, 1981; 이준우, 2004b 재인용).

> 인간은 들을 수 있기 때문에 자신을 가정과 지역사회에서 삶의 일부라고 느낀다. 심지어는 혼자 있을 때도 자연의 소리를 들으며 자신이 살아 있음을 느낀다. 사람의 음성, 활동하는 사람들의 시끌벅적한 소리를 들으며 자신도 힘을 얻게 된다. 자기 주변에서 움직이는 삶의 소리를 들으면서 자신도 그 일부라고 느끼며 그에 소속되는 것이다. 간단히 말해서 우리가 아는 것과 우리가 듣는 것에 의하여 우리가 되어가는 존재의 범위를 포용한다는 것은 서술될 수도 없고 상상할 수도 없는 일이다. 인간이 자신의 청각기능의 작용에 진 빚은 이루 헤아릴 길이 없다.

청각장애는 사고나 질병으로 인하여 후천적으로 "돌발적 청각장애를 당하는 사람들"에게 가장 큰 충격을 끼친다. 램즈델(Ramsdell) 박사는 듣기 수준과 청각 상실의 영향에 관하여 다음과 같이 말하고 있다(Ramsdell, 1991; 이준우, 2004b 재인용).

> 세상과의 관계에 대한 느낌을 상실했다는 인식을 잘 표현한 '이젠 죽었구나!'라는 감정은 갑자기 청각을 상실해버린 사람들에게, 그리

고 정도는 좀 약하지만 점증적으로 귀가 멀어져 가는 사람들에게 파고드는 절망감의 가장 주된 원인이다. 듣지 못한다는 것이 뭐 그리 힘드냐고 말하는 사람은 단 한 번이라도 듣지 못하는 경험을 해봐야 한다. 아무것도 들리지 않는 상황에서 밀려오는 엄청난 두려움과 공허함은 사람을 마치 무인도에 혼자 버려놓은 것 같은 느낌이 들게 한다. 이런 느낌은 듣지 못하는 사람으로 하여금 아무 일도 못하게 할 만큼 사람을 무기력하게 만든다.

이상에서부터 계속 설명하고 있는 청각(듣기)의 세 번째 기능은 특히 후천적으로 청각장애를 입은 성인들에게 가장 결여되어 있다. 그 이유는 그러한 성인은 자신이 가장 잘 알고 있는 것을 상실하였기 때문이다. 선천적으로 듣지 못했던 성인은 이러한 청각적 배경을 경험해본 적이 없으며, 따라서 그것이 없음을 아쉬워하지도 않는다.

듣기의 세 번째 기능이 없어서 일어나는 의기소침은 생애의 뒤늦은 시기에 청각장애를 입은 성인들에게서 가장 심각하게 나타난다. 듣기의 세 번째 기능의 부재에 따른 문제는 우발성 농 성인들(연령 2세에서 12세 사이에 청각장애가 일어난 사람들)에게서는 보다 덜 심각하며, 선천적으로 청각장애를 입은 성인들에게는 거의 존재하지 않는 것으로 보인다.

그러므로 손쉽게 의사소통할 수 있도록 해주며 경보를 알려줌으로써 안전한 삶을 가능케 해줄 뿐만 아니라 자연과 사람들로 가득 찬 이 세상과 하나라는 동질감을 가져다주는 청각(듣기)의 3가지 기능을 소유하지 못한 농인이야말로 너무나 소중한 것을 잃어버린 사람인 것이다.

이렇게 소리가 중요하기에 소리를 듣지 못하는 농인에게 가장 필요한 것은 소리를 듣게끔 해주거나 소리를 대신하여 '수화'를 통해 소리의 기능과 역할을 대신하게 해주는 일이다. 바로 이것이 농인복지와 재활의 핵심과제라 할 수 있다.

제2부

언어적 이해

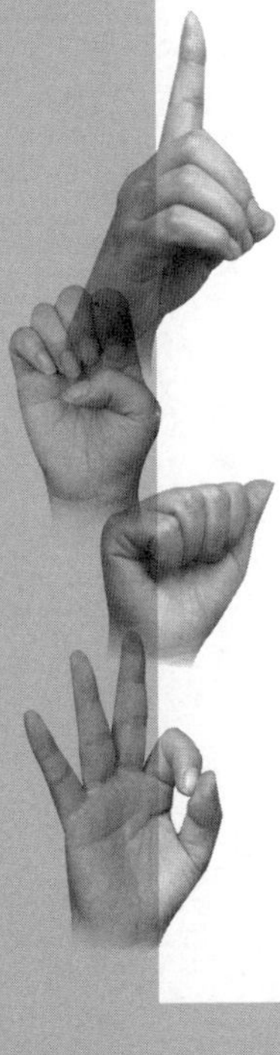

Deaf & deaf

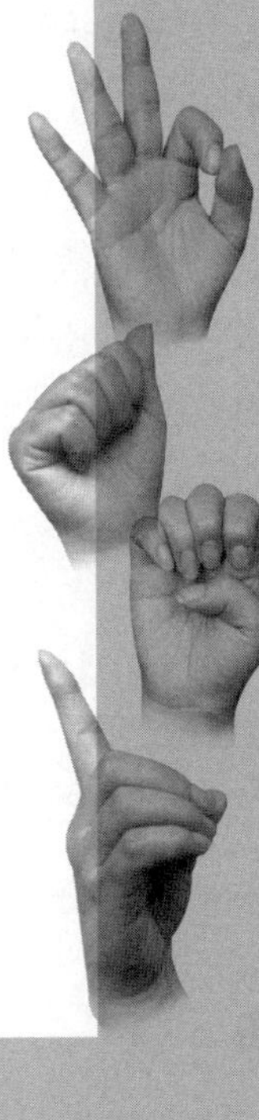

언어는 자신의 머릿속에 있는 생각을 다른 사람에게 전달하거나, 다른 사람의 생각을 알 수 있도록 해주는, 음성 혹은 문자 등으로 사람들 사이에 공유되는 의미체계라고 할 수 있다. 그런데 청각장애는 청력의 상실로 인해 음성언어를 사용하지 못하게 한다. 이로 인해 교육에도 어려움이 생겨 문자언어조차 자유롭지 못한 것이 현실이다.

그러므로 농인은 이웃, 직장동료, 심지어 가족과의 대화마저 단절된 채 생활해야 한다. 물론 간단한 일상생활 정도야 몸짓만으로도 통할 수 있으나, 자신의 생각을 전할 수 없고, 또 상대방의 행동 등에 대한 설명을 들을 수도 없는 상황에서 많은 오해가 생기기도 한다.

더욱이 다수의 '건청인'들과 소수의 청각장애를 갖고 있는 '농인'들로 양분해서 이 사회를 바라본다면 농인의 의사소통은 그야말로 소수의 보잘것없는 언어에 불과하다. 그런데 문제는 그들이 그들끼리만 사는 것이 아니라 다수의 많은 건청인과도 함께 살아야 하며 교류할 수밖에 없다는 것이다. 또한 농인의 청각장애 정도는 제각기 다르고 동시에 농인도 건청인 못지않게 다양한 삶의 배경을 지니고 있기에 농인의 의사소통에 관한 문제는 대단히 복잡한 양상을 가진다.

이와 같은 현실에서 농인과 건청인 간의 효과적인 의사소통을 위해 제2부에서는 농인과 의사소통하는 방법과 의사소통 시 주의할 점에 대해 알아보고, 음성언어와 대비되는 농인들의 언어인 수화에 대해 보다 구체적으로 설명하고자 한다.

제3장

장애의 장벽을 넘어 어떻게 '우리'로 소통할 수 있을까?

지구상에는 많은 생명체들이 살아가고 있다. 그 많은 생명체 중 어째서 인간을 만물의 영장이라고 하는 것일까? 능력으로 치자면 '치타'나 '말'이 인간보다 훨씬 빨리 달리며, '개'의 후각과 청각이 인간보다 훨씬 발달되어 있다. 또한 '독수리'는 빠르고 날렵하게 날 수도 있다. 이렇듯 다른 생명체들이 인간보다 월등히 뛰어난 능력을 가졌음에도 불구하고 인간이 만물의 영장으로 존재할 수 있었던 것은 '생각하고 말할 수 있는 힘'을 이용해 사회공동체를 형성함으로써 약점을 극복했기 때문이다.

인간이 사회공동체를 형성해 그 속에서 생존과 자아실현까지 모든 욕구를 충족할 수 있도록 한 원동력이 바로 의사소통이라고 할 수 있다. 물론 동물들도 가령 '꿀벌'이 먹이의 방향과 거리 등을 알려주기 위해 춤추는 것이나 포유류들이 소변으로 자기영역을 표시하는 것 같은 단순하고 제한된 의사소통을 한다. 그러나 이는 인간의 의사소통과는 비교할 수 없다. 또한 의사소통을 통해 인간은 나를 알리고, 상대방을 이해할 수 있게 된다. 이처럼 의사소통은 인간과 인간의 사이를 연결해 '우리'라는 공동체를 만들어 준다.

이에 이 장에서는 '우리'를 있게 한 의사소통의 개념과 의미, 의사소통 양식, 효과적인 의사소통에 대해 살펴봄으로써 의사소통의 중요성을 설명하고, 농인과의 의사소통에 대해 구체적으로 정리해봄으로써 의사소통의 어려움을 겪고 있는 농인에 대한 이해를 돕고자 한다.

"이준우 나와."
다짜고짜 반말이다.
이래봬도 난 잘 나가는 대학교순데
살짝 기분이 나빠 휴대폰을 접으려다 떠오르는 얼굴 하나
손가락이 바빠진다.
"어디?"
"여기."

○○○이가 한턱 쏘겠단다.
월급이 37만 원으로 올라서
내 손 잡고 호기롭게 들어간 "김밥천국"
묻지도 않고 그냥 김밥 두 줄을 시켜 버린다.
참치김밥이 눈에 선해 살짝 서운해지려는데

"짬뽕라면 추가요!"
바로 이 맛이야.
서운한 맘 눈 녹듯 사라지고 뱃속 그득한 포만감
여기가 바로 천국이다.

〈천국에서 짬뽕라면〉

- ○○○는 지적장애인이다. 지적장애인의 평균 월급은 20만 원이다.
- 주: 이준우 교수의 2011년 장애인 주일 설교 예화를 〈천국에서 짬뽕라면〉이라는 제목으로 정리하여 발행한 계간 《그의 향기》 2011년 봄호(경기도 화성시 소재 예수향남교회 발행)에서 발췌함.

1. 의사소통의 개념과 의의

1) 의사소통의 개념

의사소통(*communication*)의 어원은 라틴어 'communis'에서 유래한다. 'communis'는 '공통되는'(*common*), 혹은 '공유한다'(*share*)라는 뜻이며, 여기서 파생된 단어 가운데에는 '공동체'를 의미하는 'community'가 있다(오미영 · 정인숙, 2005).

인간은 의사소통으로 서로의 생각과 감정, 정보를 공유해 사회공동체를 형성한다. 그러므로 의사소통은 집단행동에서 집단구성원들 사이를 연결해주고, 상호작용에 가장 중심적인 역할을 하는 중요한 요소이다.

의사소통의 개념은 크게 세 가지로 나누어 볼 수 있는데, 첫째, 의사소통을 정보 또는 메시지(전언, 傳言)의 단순한 송 · 수신 과정으로 보고, 그 구조 자체(송신자-메시지-수신자)에 중점을 두는 구조적 관점이다.

둘째, 의사소통을 사람의 기호사용 행동 자체로 보고, 그 기호화 및 해독과정에 중점을 두는 기능적 관점으로 어떻게 인간들이 기호를 사용해서 서로 의미를 창조하고, 공통의미를 수립하고 있느냐 하는 의사소통의 기능적인 측면에 중점을 둔다.

마지막으로 의사소통이란 한 사람이 다른 사람에게 영향을 미치기 위하여 의도적으로 계획된 행동으로 보는 의도적 관점이 있다.

이들 세 가지 견해를 종합해 보면, 의사소통이란 기호로 정보와 메시지를 전달하고 수신해서 공통된 의미를 수립한 후, 그 결과로 행동의 변화가 야기되는 모든 과정이라고 할 수 있다.

2) 의사소통의 의의

의사소통은 전달자의 정보, 생각, 감정을 피전달자에게 전달하는 것이다. 즉, 사회공동체 안에서 새로운 사회성원을 교육시키고, 생활환경에 대한 지식을 공유하며, 서로 갈등을 조정해 합의를 얻어 공동체를 유지하는 기능을 하는 것이다.

우리는 이야기를 받아들이는 데 그치지 않고, 그 이야기에 다시 응답한다. 우리는 겪고 들은 일을 다른 이에게 전달할 수 있다. 뿐만 아니라 상황에 따라 그 이야기에 대해 다른 느낌을 주고받을 수 있다. 실제로 사람은 어떤 이야기를 들었을 때, 그에 대한 자신의 생각을 말하고 싶어진다. 이를 가리켜 '캔터베리 효과'(Canterbury *effect*)라 부른다(오미영 · 정인숙, 2005). 이처럼 우리는 의사소통을 통하여 서로 공통된 의미를 조성하고 또한 서로의 행동에 영향을 미침으로써 사회공동체를 영위해 나가고 있다. 따라서 의사소통의 가장 중요한 의의는 사회구성원들의 협동을 통한 사회유지 기능이라고 할 수 있다.

2. 의사소통의 유형

의사소통의 유형은 분류의 기준과 관점에 따라 또는 의사소통이 이루어지는 방식에 따라 여러 가지로 나누어지는데, 여기에서는 공식적 의사소통과 비공식적 의사소통, 일방적 의사소통과 쌍방적 의사소통, 수직적 의사소통과 수평적 의사소통, 언어적 의사소통과 비언어적 의사소통으로 나누어 살펴보고자 한다(이준우, 2004a; 이준우, 2004b; 이준우, 2009).

1) 공식적 의사소통과 비공식적 의사소통

의사소통의 공식 유·무에 따라 공식적 의사소통과 비공식적 의사소통으로 나눌 수 있다. 공식적 의사소통은 공식적 조직 내에서 공식적 의사소통의 경로와 수단을 통해 정보가 유통되는 것을 말한다. 조직의 모든 구성원들에게 조직의 목표·방침·지시사항 등을 알리고 직원들의 의견과 보고내용을 관리자와 모든 조직에게 알리기 위해 사용되며, 주로 공문서, 서면, 구두명령, 보고 등의 방법으로 이루어진다.

이는 의사소통의 공식화로 권한관계가 명확하고 책임소재가 분명하다는 장점이 있으나, 소통이 느려 사태의 변화에 신속하게 대응할 수 있는 융통성이 부족하며, 복잡한 감정이나 의도를 전달하는 데는 한계가 있다는 단점이 있다.

비공식적 의사소통은 비공식적 조직 즉 자생적 집단 내에서 비공식적 방법으로 이루어지는 의사소통을 말한다. 친분·상호신뢰 등 인간관계를 기초로 하여 의사소통하는 것으로서 풍문이나 유언, 전화, 접촉에 의해 이루어진다. 공식적 의사소통으로는 전달될 수 없는 여론이나 감정의 표현이 가능하지만, 왜곡될 가능성이 크고, 통제와 책임 추궁이 어렵다는 단점이 있다.

2) 일방적 의사소통과 쌍방적 의사소통

의사소통이 한쪽에서 일방적으로 이루어지느냐, 아니면 쌍방에서 이루어지느냐에 따라 일방적 의사소통과 쌍방적 의사소통으로 구분된다. 일방적 의사소통은 지시·명령·공문하달과 같이 일방적으로 의사소통이 이루어지는 것을 말하며, 쌍방적 의사소통은 송신자와 수신자 간에 의사교환이 가능한 것을 말한다. 쌍방적 의사소통의 경우 의사교환이 가능하기 때문에 의사소통의 효과를 높일 수는 있으나 시간이 지연된다는 단점이 있다.

3) 수직적 의사소통과 수평적 의사소통

수직적 의사소통은 의사전달 주체에 따라 다시 하향적 의사소통과 상향적 의사소통으로 나누어진다.

하향적 의사소통(상의하달)의 경우 조직의 상급자가 하급자에게 그의 의사와 정보를 전달하는 것을 말한다. 방법으로는 구두 또는 문서에 의한 명령과 일반적 정보가 있다. 명령에는 규칙, 규정, 지시, 훈령, 발령, 요강 등의 방식이 있고, 일반적 정보에는 편람, 뉴스레터, 각종 게시, 기관지, 구내방송, 인터폰, 강연 등의 방법이 있다.

상향적 의사소통(하의상달)의 경우 조직의 하급자가 상급자에게 정보와 의사를 전달하는 것을 말한다. 방법으로는 보고, 제안제도, 질문지 등을 통한 의견조사, 면접, 직원회의 등이 있다.

수평적 의사소통은 횡적 의사소통으로 상·하 관계가 아닌 동일 계층에 있는 사람들 사이에서 이루어지는 것을 말한다. 방법으로는 계획이나 정책의 최종적 결정을 내리기 전에 의견을 반영하는 절차인 사전심사제도, 중요한 결정을 위해 하는 회의 및 위원회, 어떤 결정이 이루어진 후에 관계자들에게 통지하는 회람 및 통보가 있다. 수평적 의사소통은 큰 규모의 조직에서 목표가 달라 생기는 갈등을 해결할 수 있고, 전문가의 의견을 반영할 수 있다는 장점이 있다.

4) 언어적 의사소통과 비언어적 의사소통

언어의 사용 유·무에 따라 언어적 의사소통과 비언어적 의사소통으로 나누어진다.

언어적 의사소통은 언어를 써서 사상과 감정과 의도를 서로 소통하는 것을 말한다. 방법으로는 구두와 문서에 의한 의사소통이 있다. 구두 의사소통은 대면적 의사소통을 말하고, 문서 의사소통은 문서를 수단으로 하는 메모, 편지, 보고서, 지침, 공문, 안내서 등이 여기에 포함된다. 구두 의사소통의 경우 즉시성과 대면성이라는 특징을 가지고 있으며, 문서 의사소통은 정확성과 보존성이라는 특징을 가지고 있다.

비언어적 의사소통은 언어가 아닌 자세, 몸짓, 얼굴 표정, 복장 등으로 은연중에 감정이나 태도를 전달하는 것을 말한다. 상대방의 질문이나 인사에 반응하지 않고 침묵한다든가, 약속시간을 지키지 않는다든가, 복장의 모양과 색상, 사무실의 위치 · 크기 · 집기의 배열 등으로 상대방에 대한 호감 · 반감, 존경 · 무례, 관심 · 무관심, 친근감 · 소외감 등을 전달한다.

언어적 의사소통보다 효과가 크고, 감정적 메시지의 93% 정도가 비언어적 의사소통이라는 특징을 가진다. 그러나 비언어적 의사소통의 경우 상황과 문화에 따라 의미가 달라질 수 있으므로 해석에 주의해야 한다.

3. 효과적인 의사소통

효과적인 의사소통을 하기 위한 기본자세에 대해 살펴보고자 한다. 스티븐 스콧(Steven K. Scott)은 효과적인 의사소통을 토대로 존중하는 마음, 사려 깊은 태도, 다양한 시각, 철저한 준비 이렇게 네 가지 요소를 강조한다(Scott, 2004).

1) 존중하는 마음

다른 사람과 효과적인 의사소통을 하기 위해서는 자기 자신에 대한 존중과 인정도 필요하지만 상대방에 대한 존중이 무엇보다도 중요하다.

우리는 대화할 때, 상대방이 나에 대해 존중하는 마음이 없다면 그것을 누가 알려주지 않아도 무의식적으로 알게 된다. 이 경우 상대에게 즉각 마음의 문을 닫고, 귀담아 듣지 않으며, 불신하게 된다.

반대로 우리가 상대를 존중하는 마음 없이 대화했을 때 상대 또한 우리의 태도, 즉 눈동자를 이리저리 굴리거나, 머리를 흔들거나, 손을 만지작거리는 등 부주의한 행동들을 보고 알아차릴 것이다. 부정적인 반응이나 빈정대는 말투 또한 마찬가지이다.

따라서 존중하는 마음이 없다면 효과적인 의사소통이 어렵다고 봐야 한다. 그러므로 다른 사람을 이해시켜 변화하기를 바란다면 그 사람을 존중하는 것부터 출발해야 한다.

2) 사려 깊은 태도

내 주장이 옳고, 상대방의 주장이 틀린 경우라 하더라도, 상대방의 자존심이나 감정에 대해 사려 깊은 배려의 태도 없이 공격적 태도를 취한다면 상대는 당신의 의견이 옳다는 것을 알면서도 반대할 것이다. 사람들은 상대가 잘난 척한다거나 남에 대해 배려하지 않는 사람이라고 느끼면 방어적 태도를 보이게 된다. 또한 가능한 한 그런 사람을 피하려고 한다.

보통 가까운 사람이라고 생각할수록 '이해해주겠지'하는 생각에 상대방의 마음을 잘 고려하지 않는 경향이 있다. 그러나 이것이 쌓이면 상처가 되고, 관계에서 깊은 골이 될 수 있음을 기억해야 한다. 부모, 배우자, 직장 상사, 친구 등 가까운 사람부터 배려하는 것을 실천해 보는 것도 좋을 것이다.

3) 다양한 시각

말은 말하는 사람의 가치체계를 담고 있다. 만일 상대의 가치체계를 이해하지 못한 상태에서 대화를 한다면 상대의 말을 이해하는 것은 물론이거니와 내 말을 이해시키는 것 또한 어렵다. 상대방을 설득하거나 중요한 부분을 지적해야 한다면 상대방의 가치체계를 먼저 이해하는 것이 중요하다. 처음 만났거나 상대에 대해 잘 모른다고 생각되면 대화하는 과정에서라도 최대한 빨리 상대의 가치체계에 대해서 이해하려고 노력해야 한다.

4) 철저한 준비

내가 하고 싶은 대화가 중요할수록 더 많은 준비를 해야 한다. 대화 주제에 대한 준비도 필요하지만, 위에서 언급한 상대방의 가치체계에 대해 이해하는 것도 준비에 포함될 것이다. 상대방이 다른 문화권에 산다면 그 문화에 대해 알아보고, 무엇을 좋아하고, 무엇을 싫어하는지, 희망이나 목표가 무엇인지 등에 대해 사전에 알아보는 것이 필요하다. 따라서 내가 대화하고자 하는 대상 혹은 분야에 대한 준비가 철저할수록 효과적인 의사소통을 할 수 있을 것이다.

4. 농인과 의사소통

앞에서 살펴본 것처럼 인간관계를 성공으로 이끄는 데 가장 중요한 요소 중 하나는 의사소통이다.

다른 사람과 효과적인 의사소통을 하기 위해서는 우리가 준비해야 할 것이 많이 있다. 그런데 이러한 준비가 다 되어 다른 사람과 효과적으로 의사소통할 수 있다고 하더라도, 막상 농인과 의사소통을 하려면 어떻게 하여야 하는지 막막해진다. 농인과 같은 공간 속에서 살고는 있지만, 두 개의 문화(농인과 건청인의 문화)가 있다는 것은 명백한 사실이다(Rainer, Mindel & Vernon, 1971; 이준우, 2004b 재인용).

다른 문화를 지닌 농인과 의사소통한다는 것은 결코 쉬운 일이 아니다. 우리가 영어나 스페인어 같이 다른 나라의 언어를 배울 때, 단순히 언어만을 배우는 것이 아니라 그 말을 사용하는 사람들의 문화까지도 함께 학습하게 되는 것처럼, 농인과 의사소통을 위해 우리가 알아야 할 것이 단순히 농인들이 사용하는 언어인 수화만은 아니다. 농인과 원활한 의사소통을 하기 위해서는 농인의 사고방식 및 문화 등에 대한 이해가 모두 필요할 것이다.

이에 대해서는 다른 장에서 좀더 자세히 다루도록 하고, 이 장에서는 농인들과 의사소통을 하기 위해서 사용하는 필담, 구화와 독화, 수화에 대해 알아보고, 또한 이러한 방법을 통해 농인과 의사소통을 할 때 주의해야 할 사항에 대해 살펴보고자 한다(이준우, 2004a; 이준우, 2004b; 김종인·우주형·이준우, 2010).

1) 농인의 의사소통 방법

(1) 필담

종이에 글을 적어서 표현하고자 하는 이야기를 하는 것으로, 시간이 많이 걸린다는 단점은 있으나 정확한 의미를 전달할 수 있다는 장점이 있다.

농인과 필담으로 대화할 때 주의해야 할 점은 농인들이 그 단어의 의미를 이해하지 못한 상태에서 고개를 끄덕일 수 있다는 점이다. 농인들의 학습능력이 고등학교를 졸업하고도 초등학교 3~4학년 수준이라는 연구발표에서 알 수 있듯이 많은 농인들이 문장 구사에 어려움을 겪고 있다.

한 사례로 어느 날 농인부부가 수화통역을 의뢰해 함께 병원에 간 적이 있었다. 그 농인 부부는 장애등급 조정을 위해 병원의 진단서가 필요했고, 이를 위해 병원에 간 것이다. 오랜 시간을 기다려 이들 부부의 순서가 되었다. 검사를 하기 위해 농인이 주민센터에서 받아온 서류를 의사에게 내밀자 의사는 "이 서류는 작성해 주민센터에 제출해야 하는 것인데…. 이 서류를 주민센터에 내면 사회복지사가 접수하고, 병원에 내는 서류를 줄 거예요"라고 말하는 것이었다.

부인을 병원에 남겨두고 남편과 함께 주민센터로 갔다. 주민센터에 양식을 내밀자 담당자는 사진과 도장이 필요하다고 했고, 농인은 준비한 사진과 도장을 내밀었다. 농인에게 "지난번에 왔을 때 이런 설명을 듣지 못했어요?"라고 물으니 농인은 "못 들었다"고 했다. 사회복지사에게 왜 설명을 안 해주었냐고 하니 그는 억울하다는 표정과 함께 앞뒤로 빽빽이 적은 A4용지 3장을 내밀며 "말이 안돼서 이렇게 종이에 적어서 다 설명해 드렸어요. 그때 저 농인분이 분명히 고개를 끄덕였고요. 설명을 안 해 드렸으면 어떻게 사진과 도장을 가지고 오셨겠어요?"라고 말했다.

농인에게 수화로 설명하고 어떻게 된 거냐고 묻자 사회복지사의 말이 틀린 것이 아니라 본인이 글을 모른다며, 너무 열심히 설명해주는 모습에 미안해서 그냥 고개를 끄덕였다고 했다. 사진과 도장은 먼저 장애등급을 조정한 농인 친구가 필요하다고 알려줘서 가지고 다니던 거였다고 했다. 다행히 사진과 도장을 가지고 간 덕에 그 자리에서 접수하고 서류를 받아, 바로 다시 병원에 와서 진료를 받을 수는 있었으나, 글을 몰라 몇 번씩 주민센터를 오가야 하는 상황이 안타까웠다.

이러한 상황이 주민센터에서만 일어나는 것은 아니다. 더욱 심각한 것은 이와 같은 상황이 인권과 직결되는 경찰서나 검찰에서 일어난다는 것이다. 피의자 조서를 작성하고 날인하는 과정에서, 건청인이 읽고 이해하기도 어려운 용어들이 섞여 있음에도 불구하고 농인이 이해하지 못한 채 그냥 대충 읽고 날인한 후 법정에 가서야 내용을 이해하지 못하고 날인했다고 번복하는 사례가 있다는 것이다.

필담이 정확한 의미를 전달할 수 있다는 장점은 있으나, 모든 상황에서 100% 모두 전달했다는 확신은 위험한 것임을 기억하고 의사소통이 제대로 되고 있는지 확인해야 할 것이다.

(2) 구화와 독화

구화와 독화는 농인의 잔존청력을 최대한 활용하는 방법으로 주로 난청자에게 활용된다. 농인이 구화나 독화를 사용하기 위해서는 훈련 과정을 거쳐야 한다.

① 구화

구화는 입으로 내는 목소리 언어를 말한다. 농 아동의 경우 본인의 소리를 듣지 못하기 때문에 억양, 높낮이, 장단 등을 조절하기 어려워 듣는 사람으로 하여금 불편함을 느끼게도 한다. 아무리 언어적 표현이 좋다고 하더라도 불쾌함을 자아내는 목소리에서는 좋은 결과를 얻을 수 없으므로, 훈련을 통해 구화 사용방법을 제대로 익혀야 한다.

② 독화

시각을 통해 말하는 사람의 입모양을 읽는 방법으로 귀 대신 눈을 통해 말하는 것을 이해하는 것이다. 보통 정상적인 이야기에서 1초에 13개의 음소를 발음하나 독화는 8~9개 정도만 가능하다. 따라서 너무 빠르지 않은 속도로 이야기해야 한다.

또한 텔레비전 소리를 꺼둔 채로 뉴스를 보거나, 귀를 꽉 막은 상태에서 대화해보면 알 수 있듯이 얼굴 표정이나 입술의 움직임을 주의 깊게 보게 된다. 그러나 아무리 신경을 집중해 본다 하더라도 결코 쉬운 일이 아님을 알 수 있다. 언어 중에는 입 움직임이 정확하지 않은 소리가 있어 독화하는 데 어려움을 주기도 한다.

(3) 수화

농인의 언어라고 할 수 있는 수화는 다시 자음과 모음을 손가락으로 표현해 글자를 만드는 지화와 표정이나 몸짓 기호를 사용해 단어를 나타내는 수화로 나누어진다.

① 지화

손가락을 이용해 자음과 모음을 표현하는 지화는 배우기 쉽다는 장점이 있으나, 수화보다 시간이 오래 걸리고 집중해서 보아야 한다는 단점이 있다. 따라서 모든 글자를 지화로 표현할 수는 있으나, 수화로 표현할 수 없는 고유명사 등에 주로 활용한다.

② 수화

수화는 손으로 단어를 만들고, 표정과 몸의 움직임에 감정을 실어 의미를 완성한다. 수화의 단어는 우리가 사용하는 단어의 4분의 1에도 못 미치지만 언어의 특징인 역사성을 가지고 있어 생성, 변화, 소멸을 하기도 하며, 사회적 합의에 의해 이루어지는 자의성과 약속된 형식으로 표현되는 기호성, '신종 플루'와 같은 새로운 단어들이 생겨나는 것처럼 창조성이 있다. 또한 요즘 많은 학자들에 의해 수화의 문법형식에 관한 논문들이 발표되고 있기도 하다.

수화를 모르는 사람들이 흔히 하는 질문 중 하나는 수화가 세계 공통어냐는 것이다. 각 나라의 음성언어가 다르듯이 수화도 한국수화(KSL), 미국수화(ASL), 일본수화(JSL)와 같이 각 나라의 수화가 있다. 심지어 우리나라 안에서도 지역 간에 방언이 있듯이 수화에도 그 지역에서만 사용되는 사투리가 있다. 다만, 국제대회를 할 경우 국제수화(GESTUNO)를 사용하는데, 대중화되어 있지는 않다.

〈그림 3-1〉 한글지화와 숫자지화 익히기

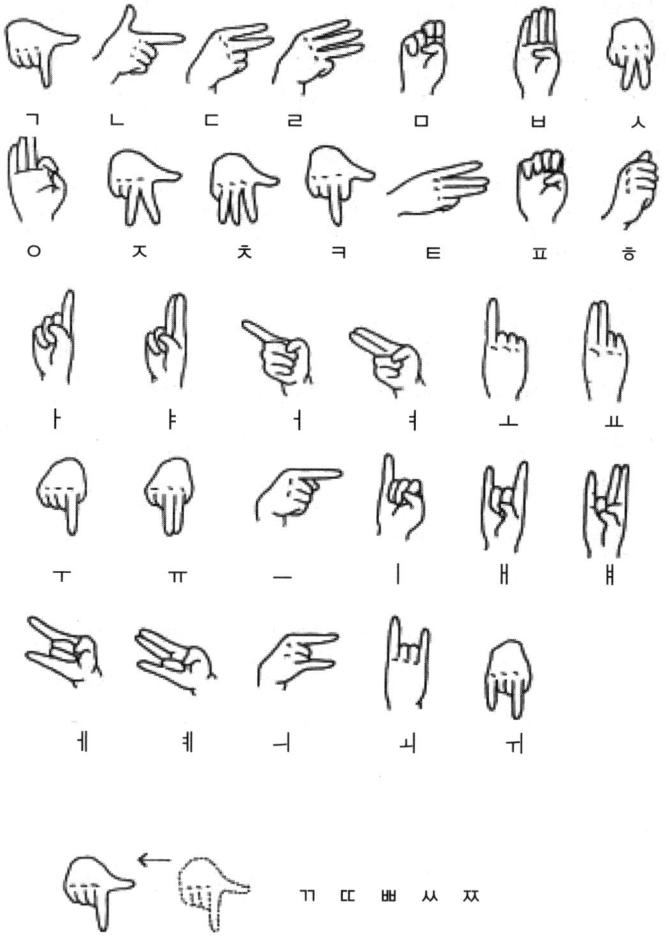

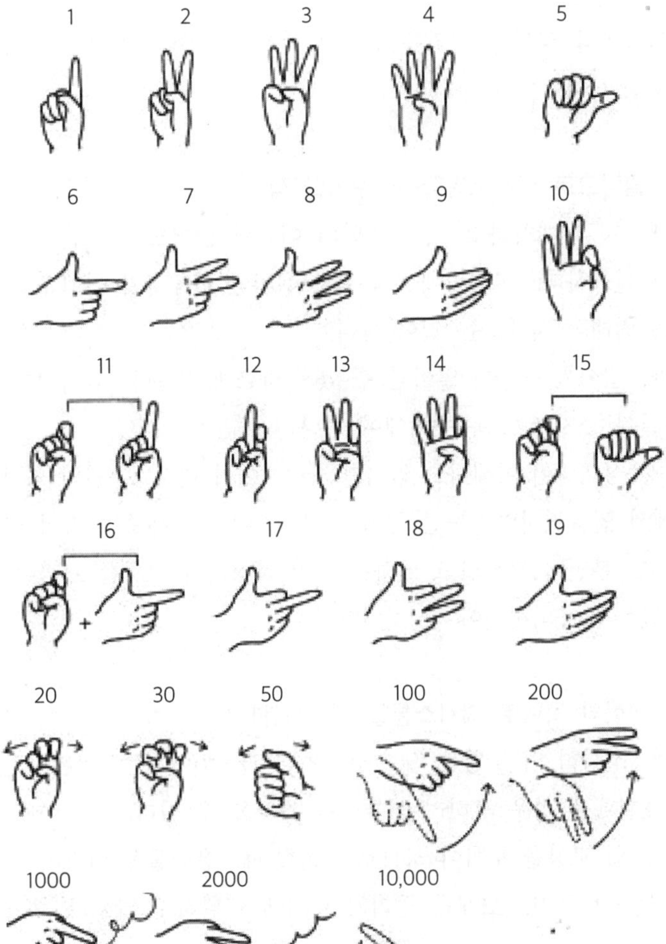
1
2
3
4
5
6
7
8
9
10
11
12
13
14
15
16
17
18
19
20
30
50
100
200
1000
2000
10,000

2) 농인과 의사소통할 때 주의할 점

농인들과의 원활한 대화를 위해서 주의해야 할 사항을 의사소통의 방법별로 살펴보고자 한다.

(1) 필담으로 의사소통할 때 주의할 점

첫째, 지금 대화하고 있는 농인의 어휘력이 어느 정도인지에 대한 이해가 필요하다. 어휘력에 따라 다르겠지만 이해하기 어려운 단어나 한자는 최대한 자제하는 것이 좋다.

둘째, 글씨를 누구나 알아볼 수 있게 바르게 적는다. 급하다고 글씨를 휘갈겨 쓰지 않도록 주의해야 한다.

셋째, 상대방이 이해하고 있는지 확인하여야 한다. 농인의 의사소통 방법에서 언급했지만, 농인 중에는 적어가며 설명해주는 것이 고맙기도 하고, 본인이 모른다고 말하는 것이 쑥스러워 고개를 끄덕이는 경우도 있음을 유의하여야 할 것이다.

(2) 구화와 독화로 의사소통할 때 주의할 점

첫째, 정확히 입 모양을 해주어야 하나 과장되어서는 안 된다. 과장되게 표현했을 경우 오히려 역효과를 가져올 수 있다.

둘째, 입 모양을 보아야 하므로 대화할 때, 음식물을 씹으며 이야기하지 말아야 하며, 고개를 돌리거나 뒤에서 말하지 않도록 주의해야 한다.

셋째, 말하는 속도가 너무 빠르지 않게 천천히 이야기해야 한다.

넷째, 상대방이 이해하고 있는지 확인해야 한다.

(3) 수화로 의사소통할 때 주의할 점

첫째, 얼굴 표정에 유의해야 한다. 가령 '아프다'는 수화를 하면서 얼굴은 웃는 표정을 하고 있다면 농인은 아프지 않은 상태에서 장난으로 아프다고 하는 것으로 오해할 것이다.

둘째, 표정이 중요한 만큼 농인과 대화할 때는 모자나 선글라스 등으로 얼굴을 가리지 말아야 한다.

셋째, 시선을 상대방에게서 떼지 않아야 한다. 대화 도중 잠시 다른 쪽으로 시선을 돌리게 될 경우 우리가 대화하다가 비행기 소음에 말이 일부 안 들리는 것처럼, 상대방의 말 중 일부를 놓치게 된다.

넷째, 농인들의 얼굴 표정에 놀라거나 당황하지 말아야 한다. 농인들의 경우 건청인들이 어떤 상황을 강조해서 설명하기 위해 또박또박 강조해서 내는 목소리의 억양처럼 강한 얼굴 표정으로 상황을 강조해 표현하게 된다. 농인을 처음 접하는 건청인들의 경우 과거에 있었던 상황을 이야기하는 농인의 강한 표정에 지금 화가 난 것으로 오해하거나 당황하게 된다.

다섯째, 농인들이 내는 이상한 목소리에 당황하지 말아야 한다. 구화를 위한 특수훈련을 받은 농인이나 중도에 청력을 잃은 농인들이 아닌 경우, 보통의 듣기 편한 목소리가 아닌 이상한 목소리를 내는 경우가 있다.

대다수 청각장애를 갖고 있는 농인들은 자신들이 원하는 대로 건청인 사회에 대처할 수 없다. 왜냐하면 의사소통의 어려움 때문이다. 따라서 농인들에게 누구와도 대화할 수 있고, 그러면서도 건청인들에게 동화되지 않는 자주적인 의사소통 방식을 선택할 수 있는 권리를 보장해야 한다. 인정하든 그렇지 않든, 앞서 언급한 것처럼 이 세상에는 두 개의 문화 — 농인과 건청인의 문화 — 가 있다(Rainer, Mindel & Vernon, 1971; 이준우, 2004b 재인용). 물론 두 개의 문화가 존재한다는 것이 '이것 아니면 저것' 식의 의미를 함축한 부정적인 사실이어야 할 이유는 없다.

이들이 공통으로 지닌 문제점들 때문에 농인들이 서로 단합하지만 건청인들의 관심사가 모두 다 똑같지 않은 것과 꼭 마찬가지로 농인들의 관심사도 모두 다 같을 수는 없다. 하지만 공유되는 관심사들은 문화적 격차를 줄일 수 있다. 공통의 언어가 그렇게 할 수 있는 것처럼 말이다.

과거에는 언어가, 엄밀하게 말하면 '음성언어'가 농인들과 건청인들 사이에 가로놓인 장벽이었다. 실제로 우리가 농인을 가급적 건청인처럼 되게 만들어 보려고, 가정과 학교에서 농인들을 농 사회와 농 문화에 접촉하지 못하게 했다. 그랬을 때 우리는 그 농인에게 그의 실체가 아닌 다른 존재가 되라고 함으로써, 결과적으로는 자신의 실체를 부인하라고 요구하였던 것이다.

사실 아직도 우리 사회의 통념은 한 사람의 농인이 거두는 성공이 대체로 그가 건청인들의 기준에 얼마나 밀접하게 일치하느냐에 의하여 측정되고 있다. 이는 슬프지만 여전한 현실이다. 우리나라의 농인들 중 건청인들 못지않게 성공한 리더들 대부분은 건청인에 전혀 손색이 없을 정도로 학력이 높을 뿐 아니라 건청인을 상대로 해도 거리낌 없이 활동할 수 있게 해주는 구화능력을 보유하고 있다. 역설적으로 농인이 건청인의 언어능력(음성언어 이해력, 읽기, 쓰기, 핸드폰 사용 등)을 지니지 못하면 못할수록 그가 성공할 가능성도 낮아지는 것이다.

문제는 성공한 이들 중 대부분은 자신이 농인이라는 것을 애써 감추려 한다는 것이다. 물론 몇몇 리더들은 농 사회에 와서 적극적으로 활동하며, 많은 농인들에게 힘과 용기를 주면서 자신들도 행복해 한다. 하지만 우리 사회는 지금도 '한 사람의 농인'이 건청인 사회에서 마음껏 활동할 수 있는, 그리고 건청인들이 농인들과 자유롭게 대화할 수 있는 능력의 가치를 '있는 그대로' 인정해주는 일이 절대적으로 필요함에도 그렇게 하지 못하고 있다.

우리가 농인이라고 부르는 사람의 개성을 완전하게 존중하려 한다면 청각장애를 갖고 있는 그 누구라도 가능한 적합한 수단으로 대화를 나누는 방법을 익힐 수 있으며, 이 방법이 보편적으로 사용될 수 있는 사회적 환경을 구축해 나가야 할 것이다.

중요한 사실은 대부분의 농 성인들은 수화를 사용한다는 것이다. 농인에게 사회적으로, 교육적으로, 또는 심리적으로 뭔가 할 일이 있는 사람이라고 생각한다면 누구든지 그들의 언어를 최소한 존중하고 인정해야 한다.

오늘날의 언어학자들은 자기 문화의 언어에 대한 개인의 권리를 중시한다(Alatis, 1970; Fasold & Shuy, 1970; Dillard, 1973; 이준우, 2004b 재인용). 미국에 사는 흑인들의 영어를 연구해 보면, 그것이 표준적인 미국 영어와 똑같지 않은 그 나름의 명백하고 논리적인 문법규칙들을 지녔음을 알 수 있다고 한다. 자신의 집단 내에서 효율적으로 기능하기 위해서, 한 개인은 함축적으로든 명시적으로든 그 집단을 우선시하게 되어 있다.

'게토'(흑인 밀집 거주지역)에서 어울려 살려면 미국사회의 중류층 수준의 주거지역에서 동화하기에 필요한 것과는 전혀 다른 종류의 언어를 필요로 할 것이며 실제로도 그렇게 어떤 집단에 동화되기를 원한다면 그 언어를 말해야 한다. 이것은 재론의 여지가 없이 분명한 사실이다.

동일한 맥락에서 과거 미국사회에서는 다른 나라 사람들이 영어 배우기를 무척 기대했다고 한다. 반면 미국인은 굳이 다른 언어를 배우려고 하지 않았다는 것이다. 프랑스어와 스페인어가 외국어로서 기득권을 가지고 있었음에도 불구하고, 이들 언어를 일상에서 사용하는 캐나다 일부와 미국 남서부 어린이들의 교육적인 성취는 부실했다. '우월한' 언어, '우월한' 문화를 이렇게 타 언어권, 타 문화권에 강요하는 것은 우리가 농인들의 의사소통, 교육 그리고 사회적 동화를 고려할 때 직면하는 바로 그 문제와 동일한 것이다(이준우, 2004b).

우리나라도 마찬가지이다. 음성언어를 배우는 것이 농인들의 부족한 언어능력을 포함해서 다른 언어나 다른 문화를 부정하는 것이 되어서는 안 된다는 말이다. 가령 농 아동을 가르치는 대부분의 교육자들, 그리고 농 아동을 둔 대부분의 부모들은 건청인들이다. 따라서 그동안 농 교육의 목표는 농 아동들을 건청인의 세계에 동화시키는 데 집중되었는데, 그것도 대체로 건청인들 세계의 기준과 조건에 따라 그렇게 되었다는 것은 놀라운 일이 아니다.

이런 점에서 다음 장에서 펼쳐질 수화에 대한 언어학적인 이해는 수화통역사들에게 매우 중요한 지식이 될 것이다. 단순히 수화에 대해 아는 것 이상의 그 무언가를 깨닫게 되었으면 한다. 우리가 통역하는 언어인 수화의 가치와 정신을 분명하게 인식할 때, 우리의 수화통역서비스가 기능이나 기술로서만 머물지 않고, 진정으로 사람을 살리는 생명력 있는 소명(*Mission*)이 되리라고 생각한다.

제 4 장

수화란 무엇인가?

앞서 살펴보았듯이 농인과 의사소통을 하기 위해서는 필담, 구화·독화, 수화 등의 방법을 이용할 수 있다. 그중에서도 수화는 농인들끼리의 의사소통은 물론, 건청인과 농인과의 의사소통을 도와주는 중요한 언어이다. 하지만 수화가 손쉽게 배워서 사용할 수 있는 언어는 결코 아니다. 실제로 건청인의 경우 자신이 하는 모든 수화를 청각장애를 갖고 있는 농인이 이해할 것이라고 속단해서는 안 된다.

가령 수화는 청각장애 분야의 많은 신참자(?)들을 매료시켜 이들에 의해 성공이 확실한 의사소통의 유일한 도구로 채택된다. 이후에 건청인은 자신이 만나는 농인들 중 아무도 자기의 수화를 이해하지 못하는 현실 때문에 어쩔 줄 몰라 한다.

설상가상으로 농인들이 자기에게 수화를 할 때, 그들 중 어느 누구의 수화도 그는 이해하지 못한다. 이윽고 도움을 청하는 구슬픈(?) 호소의 외침이 터져 나오고, 그가 처음 생각하는 것은 전국의 모든 농인들이 똑같은 수화를 사용하게 되도록 수화를 '표준화'시켜야 한다고 생각하는 것이다.

하지만 수화도 언어이기 때문에 표준화될 수 없고 설령 된다 해도,

표준화되기에는 상당한 어려움이 따른다. 신조어가 계속 만들어지고, 지역 간 방언과 다양한 농식 표현들이 존재하기 때문이다. 수화를 능숙하게 하는 건청인은 어떤 지역 출신이든 어떤 스타일의 수화를 사용하든 농인과 대화를 하는 데 어려움을 겪지 않는다. 능숙한 수화사용자는 깊은 인간적 견해들을 전달하고, 모든 유형의 경험들을 수화를 통해 충분히 표현할 수 있다.

중요한 사실은 익숙해지기만 하면 수화는 매우 편리한 의사소통 수단임에 틀림없다는 것이다. 이는 또한 농 사회에 가장 눈부시게 그리고 효과적으로 사용될 수 있는 집단적 의사소통 매체이기도 하다.

약 20여 년 전의 일이다. 친구를 만나기 위해 약속 장소에 좀 일찍 나가 기다리는데, 길 건너 공중전화 앞에서 어떤 사람이 서성거리며 지나가는 사람들을 애절한 눈빛으로 바라보며, 쉽게 다가서지 못하는 모습이 보였다. 한참을 그러다가 마침내 용기 내어 한 젊은 남자에게 다가가 종이를 내밀며 손을 부산스럽게 움직였다. 그러자 그 젊은 남자는 양손을 내저으며 서둘러 가던 발길을 재촉하는 것이었다. 다음엔 아주머니, 그 다음엔 아저씨, 반응은 모두 비슷했다.

친구가 도착해 함께 식당으로 이동하기 위해 길을 건넜고, 마침 그 사람이 다른 사람에게 종이를 내밀며 손을 부산하게 움직이고 있는 모습을 볼 수 있었다. 그 사람은 농인이었고, 전화를 부탁하고 있는 듯했다. 당시 농인이나 수화에 대해 전혀 모르는 나에게 말을 걸까봐 부지런히 그 자리를 피하며, 20분 이상 애타게 전화해줄 사람을 찾아 도움을 청하는 이를 외면하는 것이 미안했다.

그 후 농인의 이웃으로서 최소한의 간단한 수화는 배워야겠다는 생각으로 교육기관을 찾아 수화를 배워 마침내 농인들과 대화를 할 수 있었고, 이야기를 하면서 농인들에 대해 하나 둘 이해의 폭을 넓힐 수 있었다. 수화를 배운 후 농인과 대화하면서 내가 본 상황을 이야기하자 본인도 그와 같은 전화 구걸을 많이 했었다며 휴대폰 문자를 활용하기 전까지 흔히 있는 일이었다고 한다.

급속한 경제 발전은 국민의 의식도 높여 주어, 이제는 농인을 전염병 환자로 취급하는 그런 사람은 없다. 어디에서든 농인들도 주변의 눈치를 보지 않고 당당하게 수화로 대화한다. 그러나 시대가 변하고 의식이 바뀌었다고 해도, 의사소통의 어려움으로 인해 도움을 주고 싶어도 농인이 무엇을 원하는지, 어떤 도움이 필요한지를 몰라 도와주지 못하는 경우가 많다.

듣지 못하는 농인에게 듣고 말하라고 할 수는 없다. 이들과 의사소통하기 위해서는 건청인들이 '마서즈 비니어드 섬' 사람들처럼 농인들의 언어인 수화에 대해 이해하고 배워야 할 것이다. 그러기 위해 먼저 수화가 어떻게 생겨났고, 어떤 과정을 거쳐 발전해 왔는지 알아볼 필요가 있다.

따라서 이 장에서는 수화에 대한 이해를 돕기 위해 먼저 수화의 역사를 개괄적으로 살펴볼 것이다. 그 다음에는 한국수화의 발달사를 일제강점기 시대의 수화 상황을 중심으로 한 초창기(1913~1944), 광복 이후의 수화 상황을 중심으로 한 발전기(1945~1980), 수화에 대한 사회적 인식 변화기(1981~2001), 언어학적 수화 발전기(2002~현재)로 나누어 살핀(이준우, 2004a; 2004b) 후, 마지막으로 한국수화의 언어학적 특성을 구체적으로 고찰할 것이다.

1. 수화의 역사

수화의 역사는 원시 시대로 거슬러 올라가야 한다. 음성언어가 생기기 이전 사람들은 몸짓, 손짓을 사용해 의사를 표현했다.

'인류학의 아버지'라고 불리는 에드워드 타일러(Edward B. Tyler)는 언어의 계통 발생학에서 수화가 우선함을 주장하였고, 두피푸(Dufief)는 본래의 언어는 사물과 이러한 사물 속에 담겨진 의미를 지적하기 위한 '제스처'였다고 주장하였다(장진권, 2000). 이처럼 말이 형성되기

〈그림 4-1〉 에드워드 타일러

E.B. Tylor Aet.67
From a photograph by Maull and Fox

이전에 몸짓, 손짓이 먼저 의사소통의 수단으로 사용되었다.

16세기 초 탐험가들이 새로운 땅과 낯선 사람들을 발견하던 시기에 일단의 에스파냐인 탐험가들이 수화의 사용에 관하여 보고를 한 적이 있었다. 그들은 광활한 평원에 사는 30개 내지 35개의 인디언 부족들 중 상호 간의 대화를 위해 수화를 사용하는 한 부족을 보았다고 하였다.

그 부족들은 부족 안에 자기들끼리 사용하는 자체의 음성언어가 있었지만 상거래를 위해서나 상호 안전을 도모하기 위해 언어가 다른 부족들끼리 만났을 때는 인디언 수화, 바로 그들만의 독특한 수화를 사용하였다. 또한 인디언들이 사냥을 할 때도 서로에게 고함을 질러대서 사냥감을 겁주어 쫓아버리는 위험을 감수하기보다 수화를 사용하는 것이 훨씬 편리하였던 것 같다. 인디언들은 수화를 계속 사용하였다.

18세기와 19세기에 인디언들로부터의 정보가 필요했던 육군 정찰 대원들, 탐험가들, 그리고 기타의 사람들이 인디언의 수화를 배워 사용하기 시작하였다.

19세기말에 여러 가지 이유로 워싱턴 D.C.에 인디언들의 왕래가 빈번해졌는데 그런 인디언들이 의사소통을 할 수 있는 농인을 만났더라면 얼마나 기뻐했을지를 생각하면 저절로 미소가 흐르게 된다(Yount, 1995). 그건 외국을 여행하는 여행자가 자기의 언어를 말하는 사람을 볼 때 느끼는 것과 아주 흡사한 감정이었을 것이다.

인디언의 수화가 농인들이 사용하는 수화와 동일한 것은 아니었다. 인디언의 수화와 농인의 수화는 매우 다르다. 그러나 양쪽이 다 같이 손과 몸을 사용하여 의사를 전달하는 일에 익숙해 있었기에 아주 쉽게 서로를 이해할 수 있었을 것이다.

대평원에 사는 인디언들의 수화는 유용하고 생명력 있는 언어로 오늘날에도 살아 있다(Yount, 1995). 미국의 보이스카우트(Boy Scouts)는 대평원의 인디언 수화를 공식적인 국제언어로 채택하였다. '잼버리'(Jamboree)라고 하는 그들의 세계적인 회의에서 40개 혹은 그 이상의 국가들에서 온 소년들이 수화로 그들의 모든 업무를 처리한다.

그 외에도 수많은 사람들이 의사를 전달하는 데 수화를 사용한다. 교통정리를 하는 경찰관도 수화를 사용한다. 보통 사람들도 수화를 사용할 때가 있다. 길거리 건너편에 서 있는 친구를 보면 손을 흔들어 "안녕"하고 인사를 한다. 어린 아이가 어깨를 움칫하며 "모르겠어요"라고 하거나, 야구 심판이 수신호를 "아웃" 또는 "세이프"라고 한다면, 이들은 모두가 일정한 형식의 수화를 사용하고 있는 것이다. 농인의 언어가 이렇게 예시된 사례들과 같지는 않겠지만 일상적으로 수화가 사용되는 수많은 경우들이 수화가 지닌 언어적 중요성을 잘 보여 주고 있다(이준우, 2004b).

하지만 오늘날 농인들이 언어로 사용하는 수화의 역사는 비교적 짧은 편이다(Yount, 1995). 수화가 처음 사용된 것으로 알려진 시기는 16세기이다. 1555년에 스페인의 '봐야돌리드'의 한 수도원에서 수도승인 페데로 폰세 데 레온(Pedro Ponce de Leon, 1520~1584)이 주로 '구화방법'을 사용하여 수화와 '손가락 철자법'(지문자)의 보조적인 도움을 받아 귀족들의 청각장애 자녀들 여러 명을 가르쳤고 좋은 성과를 거뒀다.

1620년에 또 다른 스페인 사람인 후안 마르틴 파블로 보네(Juan Martin Pablo Bonet, 1579~1633)가 폰세에 의하여 정리된 손을 사용하는 방법들을 연구하여 《문자의 간소화 및 청각장애아들을 가르치는 기술》이라는 제목의 책을 출판하였다.

그 책에는 농 학생들을 가르치는 방법은 물론 수화 알파벳의 다양한

〈그림 4-2〉 무언극의 한 장면

손 모양을 상세하게 그린 판화들이 들어 있었다. 몇 가지만 약간 고치면 보네의 책에 수록된 손놀림의 모양들은 오늘날 미국의 농인들이 사용하는 방식과 본질적으로 동일하다(Bender, 1970; 이준우, 2004b).

18세기 초에 프랑스 파리의 수도원장 샤를 미셸 드 레페(Charles Michel de L'Epee, 1712~1789)는 프랑스의 농인들이 사용하던 수화를 연구하기 시작하였다(Bender, 1970; 이준우, 2004b). 그는 수화의 많은 부분을 교정하고 체계화시켰으며, 새로운 수화동작들을 개발함으로써 농인들의 어휘력을 확대시켰다. 새로운 수화동작을 개발하는 그의 방식은 주로 무언극(*pantomime*)에 근거한 것들이었다.

그러나 많은 새로운 수화들은 순수하게 독자적으로 창안된 것이었다. 레페는 자연 발생적인 수화를 농인들을 교육하는 수단으로 쉽게 사용할 수 있는 체계적이고 양식화된 언어로 발전시켰다. 농인들을 위한 수화적 의사소통 방식에 끼친 지대한 공헌으로 그는 '수화의 아버지'로 불린다(Bender, 1970; 이준우, 2004a).

1750년에 레페는 파리에서 두 사람의 농인 자매에게 수화를 가르치기 시작했으며, 1755년에는 수화를 사용하는 농인들을 교육하는 일을 계속하기 위하여 국립 연구원을 창설하였다(Bender, 1970; 이준우, 2004b).

미국에서는 1815년에 토마스 홉킨스 갈로데(Thomas Hopkins Gallaudet, 1789~1851)가 유럽 농 교육계를 시찰하고 연수하였다. 연수를 마치고 돌아온 갈로데 박사는 1816년에 프랑스 수화와 농인들을 가르치는 '수화 방법'을 미국에 도입하였다. 그는 코네티컷 주 하트퍼

드에 농인 수용 시설(지금의 갈로데 대학교의 모태로 알려져 있다)을 세우기도 했다.

농인언어의 역사는 농인교육의 역사를 밀접하게 뒤쫓고 있다. 레페 수도원장이 수화적 의사소통 방식을 이용하는 교육방법을 개발하는 동안 독일에서는 사무엘 하이니케(Samuel Heinicke, 1727~1790)가 구화를 사용하여 농 아동과 농 성인들에게 가장 이로운 의사소통 방법이 무엇인지를 탐구했다. 결론적으로 구화를 선택하였을 때 이에 대한 사람들의 의견이 분분하였다.

또 그러한 의견의 불일치는 오늘날에도 계속되고 있다. 이는 매우 감정적인 문제가 되고 있으며 때로는 객관적으로 논의하기가 어려울 수도 있다. 이러한 의견의 불일치는 미국수화의 역사와 사용에서 지배적인 것은 아니라 할지라도 강력한 영향을 끼쳤다. 그리고 이러한 논쟁의 과정을 통해서 총체적 의사소통 방법과 이중언어-이중문화 접근까지 이르렀다(이준우, 2004b).

20세기에 와서는 수화의 언어학적 연구가 시작되었다. 수화언어의 기호학적 특성과 사상성(*Iconicity*)과 자의성(*Arbitrariness*)[1], 음운론(*phonology*)과 통사론(*syntax*)[2]에 대한 연구가 본격적으로 이루어졌다. 1991년 도쿄에서 열린 '제 11회 세계 농아인 대회'에서 자연적인 수화는 언어이며, 농인들은 그것을 사용할 권리를 지녔고, 또한 수화를 어떠한 이유나 목적으로도 박탈하거나 침해하여서는 안 된다고 선언하게 된다.

---

1) 사상성(寫像性)은 예를 들어 수화로 개를 나타낼 때 개의 귀를 상상하는 것이라면, 자의성(恣意性)은 소리와 의미의 관계가 사회적 약속에 의하여 임의적으로 이루어지는 것으로 예를 들어 짖고 있는 동물과 개라는 음성언어의 약속을 말한다.

2) 음운론은 소리의 조직화에 대한 연구이다. 다른 말로 하면 언어의 가장 작은 부분을 연구하는 분야이다. 통사론은 문장을 만들기 위해 단어가 순서지어지는 방식과 관련된 관습을 연구하는 분야이다.

2. 한국수화의 변천사

한국수화의 변천 과정에 대한 이해를 돕기 위해 수화에 영향을 미친 주요 시대상황을 중심으로 다음과 같이 4단계로 나누고자 한다(이준우, 2004a; 이준우, 2004b). 즉, 첫째, 일제강점기 시대의 수화 상황을 중심으로 한 초창기(1913~1944), 둘째, 광복 이후의 수화 상황을 중심으로 한 발전기(1946~1980), 셋째, 수화에 대한 사회적 인식 변화기(1981~2001), 넷째, 언어학적 수화 발전기(2002년~현재)로 나누어 살펴보고자 한다.

1) 일제강점기 시대의 수화 상황을 중심으로 한 초창기(1913~1944)

우리나라에서 최초로 농 교육을 시작한 사람은 미국인 선교사 로제타 셔우드 홀(Rosetta Sherwood Hall, 1865~1951)이다.

홀 여사는 평양에서 맹교육 사업을 시작한 지 11년 만에 중국 체후(Chefoo)에서 동료 선교사들이 경영하는 농 학교에 이익민을 파견하여 농 교육 방법을 연수케 한 다음 그가 귀국할 때 그 학교에 있던 그의 생질과 함께 오게 해 이 두 사람의 도움을 받아 1909년 농 교육을 시작하였다.

〈그림 4-3〉 로제타 셔우드 홀

중국 최초의 농 학교는 계음학교였다. 이 학교는 설립초기부터 미국의 농 교육 기관, 특히 클라크 농 학교의 언어지도방법인 벨(Bell)의 시화법(*system of visible speech*)을 도입하였고, 이를 바탕으로 한자어

〈그림 4-4〉 제생원

를 표음화한 계음초계를 만들었다고 한다.

이후 제 1회 동양 맹아 교육회의(1914년 평양 맹아학교)를 통해 벨의 시화법을 탈피하여 어문법(*word and sentence method*)으로 언어를 지도하게 된다. 이 당시 중국의 농 교육은 구화법을 지향했음을 알 수 있으며 우리나라의 농 교육현장에서 중국 수화의 영향을 받은 흔적은 찾아보기 어려운 것으로 보인다(김칠관, 1998; 이준우, 2004b).

우리나라에서 수화가 농인의 의사소통 수단으로 사용되기 시작한 것은 조선총독부 제생원 맹아부에 의한 것으로 보인다. 1913년 조선총독부에 의해 설립된 제생원(濟生院) 맹아부에서의 교육이 시작되면서 농아동들을 대상으로 한 정식 수화교육이 이루어졌으며 이를 토대로 하여 우리나라 농인들 사이[3]에서 수화가 사용되었을 것으로 본다.

---

3) 여기에서는 '농인 사이에 사용된 것'이라는 말에 주목할 필요가 있다. 맥브라이드(McBride, 1968)는 '모든 농아학교에서는 수화가 자동적으로 생겨난다는 사실에 주목하면서 오랜 기간을 통해 신호를 하고 흉내를 냄으로써 말이 진화되었다고 한다면, 농 학교에서 자생적으로 형성된 수화는 의미가 통할 것'이라고 생각한다.

당시 제생원 맹아부 아본과(啞本科)에서는 농 학생들을 지도하기 위한 수단으로 일본수화를 사용하였다. 1916년 농인의 범법 사실에 대한 법원에서의 신문 통사(제생원 맹아부, 1938; 김칠관, 2003; 이준우, 2004b 재인용)가 우리나라 안에서 이루어진 공식적인 수화통역의 효시이다. 그렇지만 이것을 오늘날과 같은 수화통역의 개념으로 받아들이기는 어려울 것이다. 아마도 이 시기에 이루어진 수화통역은 교사나 농인의 가족에 의한 것이 일반적이었을 것이다.

따라서 그들은 통역을 필요로 하는 농인의 의사나 권리 등을 충분히 고려하지 않는 일종의 대리인이었다. 1920년에 오면 일본인 구리다〔栗田〕에 의하여 '조선농아협회'(朝鮮聾啞協會)[4]가 발족되면서 일본수화와 한국 고유의 관용적 수화들이 혼용되어 사용되고 결과적으로 한국수화는 발전해 가게 된다(장진권, 2000; 이준우, 2004b). 이때 협회에서는 초기에는 회원들을 대상으로, 그 후에는 농아부 학부모들을 대상으로 수화강습을 하였다(김칠관, 1999a; 이준우, 2004b).

이후 1930년대부터 일제 말기에 이르기까지 수화는 상당한 억압을 받게 된다. 그 이유는 일본어를 중심으로 하는 구화주의와 일본어를 보급하기 위한 국어보급 요항(1942)이 맞물림에 따라 구화법 중심의 일본어교육에 박차를 가하게 되었기 때문이다. 그 결과 농 사회에서 수화 사용은 위축된 것으로 보인다(원성옥 외, 2002; 이준우, 2004b).

---

4) 여기에서는 '조선농아협회'의 활동 상황에 주목할 필요가 있다. 뉴만(Neumann, 1968)은 '농인이 한 곳에 모여 살게 되면서 수화가 편리한 농 사회의 의사소통 수단으로 발전되었다'고 하였다. 특히 크로(Crouch)는 미국수화를 엄청나게 발전시킨 첫 번째 이유는 바로 전미농인협회(NAD: National Association of the Deaf)의 설립이라고 하였다(Crouch & Cleve, 1989).

2) 광복 이후의 수화 상황을 중심으로 한 발전기(1945~1980)

1945년 광복과 함께 제생원 맹아부는 미 군정청 후생부로 이관되었다가 1948년 문교부로 다시 이관되어 담당관 윌딘(Olive Whildin)이 부임하게 되면서 특수교육의 제도적 정비가 이루어졌다. 그에 앞서 국립맹아학교장으로 취임한 윤백원(尹伯元)은 한글 지문자를 창안(1947)하였는데, 자음 14자, 모음 10자, 복모음 7자, 복자음(ㅆ)으로 되어 있으며 현재의 지문자와는 'ㄱ, ㅅ, ㅇ, ㅋ'이 다르다(장진권, 2000; 이준우, 2004b).

교육기관 밖에는 도쿄에서 귀국한 정동섭이 만든 '조선 농아인협회'와 같은 시기에 중국에서 귀국한 이윤희가 만든 '대한 농아협회'의 2개 단체에서 문맹 농인을 위한 수화교실을 개설하여 농인들을 지도하고, 수화를 통한 연극을 발표함으로써 한국수화를 크게 발전시켰다(계기훈, 1999; 이준우, 2004b).

특히 극단에서는 아름다운 수화를 표현하기 위해 재치 있는 다양한 기호를 대량으로 만들기도 하였다(이준우, 2004b). 1963년 서울농아학교에서는 국내 최초로 《수화》란 책자를 간행하였는데, 수화기호를 해설한 설명서이다. 《수화》는 자연발생적으로 생겨 사용되어온 수화 어휘들을 모아 체계적으로 해설해줌으로써 수화의 통일을 기하고자 했다.

1979년 서울 영락 농인 교회에서는 국내 최초로 《우리들의 수화》란 책자를 간행하였는데, 708개의 수화기호를 알기 쉽게 도해로 편찬하였다. 편찬자는 주로 서울농아학교 졸업생인 손천식, 신동진 이외 몇 명의 농인들이었다(장진권, 2000; 이준우, 2004b).

1960년대와 1970년대에 와서는 농 학교 교사들을 중심으로 수화통역 도우미 활동이 활발하게 이루어짐으로써 수화가 발전했다. 서울을 비롯하여 지방에 농인단체들이 있었으나 수화통역 부분에서의 역할은 미흡하였다.

통역을 필요로 하는 경찰서, 검찰청, 법원 등과 같은 기관이 자격유무를 수화통역의 조건으로 삼고 있었기 때문인데, 교사 자격증이 그 유일한 근거였기 때문이었다(이준우, 2004b). 당시 농 학교 교사들은 어떤 면에서 교사생활을 하면서 지금의 사회복지사와 같은 역할과 수화통역사의 역할을 동시에 하였다고 해도 과언이 아닐 것이다(이준우, 2004a).

3) 수화에 대한 사회적 인식 변화기(1981~2001)

수화에 대한 사회적 인식 변화기는 세계 장애인의 날 선포 이후 점진적으로 수화 연구가 시작된 것으로부터 수화의 어휘량이 증가하는 1981년부터 2001년까지로 볼 수 있다(이준우, 2004b).

1975년의 농 교육 국제회의 이후 급속히 확산되기 시작한 총체적 의사소통 방법의 영향 아래 이루어진 수화에 대한 관심은 한국수화 어휘를 체계화시키는 작업을 하게 하였는데, 그 결과 금옥 학술문화재단(1982)의 《표준수화사전》, 김승국의(1983)의 《한·미·일 수화사전》이 편찬되었다(장진권, 2000; 이준우, 2004b). 물론 이 수화책들은 사전이라고 하기에는 상당한 문제가 있는 어휘목록집의 성격을 갖고 있었으나, 수화 연구의 불모지였던 당시 상황에서는 일반 국민들에게 수화를 알리는 데 큰 기여를 하였다고 본다.

1983년에 고시된 '청각장애 학교 교육과정'에서는 처음으로 요육(療育) 활동에 지문자 및 표준수화 지도가 포함되었다. 1989년 서울농아학교는 국내 최초로 의도적인 수화교육을 실시하기 위해 수화를 교과목으로 채택하고, 주 1시간씩 지도하기 위해 학생 지도용 수화교본 3권을 간행하였다.

제 1권에서는 1,000여 개의 어휘를 중심으로 일상 생활어가 대화체로 수록되었는데, 특히 심혈을 기울인 것은 문법적 지도로 조사는 물론 용언의 활용 및 시제까지도 한글식 어법에 맞게 편찬해 냈다는 점이다. 제 2권에서는 제 1권의 내용을 보다 발전시켰고, 제 3권에서는 가정생활과 사회생활에서 사용하는 수화를 중심으로 수화 어휘의 수준을 높였다. 그 특징은 전통적인 '교수-학습' 지도방식에 따랐으며 동시에 문법에 충실한 수화 어휘를 주로 가르치는 형태로 구성되어 있다는 점이다(장진권, 2000; 이준우, 2004b).

1991년 교육부 장학자료로 《한글식 표준수화》가 출간되었다. 《한글식 표준수화》는 농인 사이에, 그리고 수화를 배워 사용하는 일반건청인 사이에 의사소통이 원활하게 이루어질 수 있게 하고, 언어생활의 통일성과 정확성을 기하며, 수화가 필요 이상으로 변화되고 분화되는 것을 막기 위해 수화를 표준화한 것이다.

이 표준수화는 수화기호와 지문자를 병용하여 국어문법에 맞게 표시하는 것을 원칙으로 하되 수화기호가 없는 낱말은 지문자로 표시하였다. 조사와 어미의 변화는 기존 수화가 있으면 그대로 표현하고, 없으면 지문자로 하였다.

1993년 이후에는 중학부용 수화 교과서 3권을 발간하였는데, 제1권은 가정생활을, 제2권은 학교생활을, 제3권은 사회생활을 중심으로 정리하여 의도적인 수화지도를 실시하고 있다(장진권, 2000; 이준우, 2004b).

한편, 농 사회의 수화 사용 양상을 살펴보면, 1961년에 해체되어 오랜 공백기를 가졌던 한국 농아 복지회가 '세계 장애인의 해'에 발맞추어 보건사회부(현 보건복지부)로부터 '사단법인 한국 농아복지회'(현 한국농아인협회)의 설립인가를 받아 그 조직과 기능을 정비하여 갔다. 한국 농아복지회 인천지부(현 인천 농아인 협회)에서는 1982년부터 '전국 농아인 수화경연 대회'를 해마다 개최함으로써 한국수화의 중흥기를 맞이하게 되었다(이준우, 2004b).

또한 우리나라 기독교계도 농인들에 대해 깊은 관심을 가지게 되면서 한국 농인교회 수만도 100여 개에 달할 정도로 늘어났다. 이들은 나름대로의 독특한 종교 수화를 만들어 내고 있는데, 그 현황을 보면 손천식(1984)의 《백만 인의 수화》, 강주해(1987)의 《종교 수화》, 문영진(1988)의 《새 수화교실》, 최성창(1991)의 《에바다 수화》, 남순석의 《생활 수화》, 홍유미〔한국 밀알 선교단(1994)〕의 《밀알 수화》 등이 그것이다.

그리고 천주교에서는 별도의 종교 수화를 만들어 내고 있는데 1993년에 펴낸 《수화미사》는 기존의 기독교(개신교) 수화와는 아주 많은 차이를 보이고 있다. 불교에서도 강주수(1998)의 《불교 수화》와 같은 그 나름대로의 불교 수화 어휘를 많이 만들어 불교 신자들에게 보급하고 있다.

청음회관과 한국농아인협회 중앙회 및 각 지부의 수화교실에서나 여러 대학 동아리에서도 별도로 만든 학습용 수화 교재를 많이 이용하고 있다(이준우, 2004b).

이상에서 살펴본 1981년부터 2001년까지의 수화에 대한 사회적 인식 변화기는 수화 학습의 열기가 전국으로 확산되고 있던 시기로서 이 시기에 장애인 복지 문제가 시대적인 과제로 떠오르기 시작했다. 이에 발맞추어 농인의 의사소통과 정보 접근권의 문제가 크게 부각되기에 이르렀고, '수화교실'이란 새로운 형태의 학습장을 중심으로 하는 수화학습 방식이 확산되었다(김칠관, 2003; 이준우, 2004b). 이러한 상황은 수화 통역의 문제를 처음 공식적으로 제기한 연구(이정섭, 1992; 이준우, 2004b)에서도 확연하게 보여준다.

이에 따르면 1981년 이후 1990년대 초에 이르기까지 수화교실을 운영해 수화를 학습한 인원이 11,451명에 이르고 있다. 뿐만 아니라 수화학습과 보급을 중심으로 하는 동아리 활동 또한 활발하게 부각됨으로써 1990년대 초만 해도 200여 군데를 헤아리게 되었다. 물론 이와 같은 수화에 대한 열기가 반드시 긍정적인 것만은 아니라고 본다.

무엇보다도 수화를 언어학적으로 이해하기보다는 자원봉사의 도구로서 불쌍하고 열등한 농인에 대한 동정적이고 자선적인 병리적 이해를 고착화시키는 결과를 양산하는 등 농인에 대한 올바른 이해를 도모하지 못한 부정적인 측면도 간과할 수 없다.

그러나 기존의 노래에 수화를 짜 맞추는 형식이라는 일각의 비판도 있지만 수화노래 붐을 일으킴으로써 수화의 대중화라는 측면과 한국수화에 대한 앞으로의 본격적인 연구를 준비한 토대가 되는 '수화 시장의 확대'[5]를 이루었다는 면에서는 큰 의의가 있다고 본다(이준우, 2004b).

4) 언어학적 수화 발전기(2002년~현재)

언어학적 수화 발전기는 수화를 언어학적인 관점에서 본격적으로 연구하는 시기로서 2002년부터 현재까지를 말한다. 이 시기는 국내적으로는 대학을 통한 수화통역 전문인력의 양성이 본격화된 시기임과 동시에 국외적으로는 2002년 미국 워싱턴에 있는 갈로데 대학교에서 개최된 'Deaf Way II'[6] 행사의 영향으로 수화통역사의 전문성 확보에 대한 필요성을 확실하게 인식하고, 수화통역사 양성을 위해 구체적인 노력을 해나가고 있는 때라고 할 수 있다(이준우, 2002).

2002년 대학원 과정의 국제 수화통역학과(나사렛대학교)의 설치와 역시 2002년 2년제 학부과정인 수화통역과(국립 재활복지대학)와 2005

---

5) 여기서 '수화 시장'이라 함은 수화를 알고 사용하는 사람들의 숫자가 늘어남으로써 시장경제 체제의 관점에서 볼 때, 수화에 대한 인식이 보편화되는 데 큰 비중을 차지하는 '수화 사용의 현장'을 말한다. 물론 이 용어는 학계의 검증을 거친 것은 아니다. 하지만 저자 나름대로의 임상적 경험을 토대로 하여 처음 사용해 본다. 자본주의 사회에서 현장의 인원수는 자본의 크기로 인식된다. 그런 면에서 수화를 사용하는 사람이 많아지고 수화를 교육하는 기관이 많아진다는 것은 수화 시장이 확대된 것으로 보아도 무방할 것이다.

6) 2002년 미국 워싱턴에 있는 갈로데 대학교에서 개최된 'Deaf Way II'는 9,000여 명의 농인들과 1,000여 명의 건청인(수화통역사, 농 분야 전문가 등)이 참석한 대규모 농인 축제였다. 행사는 농 문화와 농 교육, 농인 재활복지 등에 관련된 10여 개의 주제 강연과 50여 개의 다양한 세미나, 20여 개의 수화노래 공연, 수화 뮤지컬, 수화연극, 농 미술 전시회, 각종 농인 관련 보장구와 재활용품 전시 및 판매 등으로 다채롭게 구성되었다. 우리나라에서는 약 80여 명의 농인과 10여 명의 건청인이 참여하였다.

년 4년제 학부의 수화통역학과(나사렛대학교)의 설치가 이루어짐으로써 학교교육을 통한 전문적인 수화통역사가 양성되고 있다. 대학에서의 수화통역사 양성은 한국수화 발전에도 지대한 역할을 한다.

특히 대학에서의 수화 연구는 한국수화와 농 사회의 긍정적 발전에서 매우 중요한 비중을 차지한다고 할 수 있다. 이는 한국어를 공식어로 사용하는 한국 사회에서 언어적·문화적 소수집단인 한국 농인들의 권리를 신장하는 토대가 될 뿐만 아니라 학문적으로는 국내·외 언어학계에 언어로서의 한국수화를 알리는 데 일조할 수 있기 때문이다.

실제로 대학과 대학원에 수화를 가르치는 정규학과가 생기면서부터 '한국수화'에 대한 언어학적 접근이 학문적으로 본격화되었다. 이는 동시에 유능한 연구 인력들이 배출되는 데도 크게 기여하였다. 특히 2008년부터 2011년 현재까지 국립국어원과 한국농아인협회에서 지속적으로 발간하고 있는 《한국수화사전》 시리즈는 우리나라 수화연구에 한 획을 긋는 방대한 성과라 할 수 있다. 이 일이 가능할 수 있었던 것은 단국대학교 특수교육학과를 정년으로 퇴직한 후, '수화 표준화사업'과 '수화사전' 편찬을 필생의 사명으로 여기며 매진한 김승국 교수의 헌신적인 노력이 컸다.

또한 이 시기에 이준우(1994; 1997; 2001; 2002; 2003c; 2004a; 2004b; 2004c; 2005; 2006; 2010)는 다양한 수화교육과 농인 이해 및 수화 관련 책들을 출판하여 우리나라 수화교육 분야의 양적·질적 발전을 이루는 데 크게 기여하고 있다.

뿐만 아니라 인천 성동(농아)학교 교감선생님으로 정년퇴직한 후, 2002년부터 2011년 현재까지 나사렛대학교 학부 및 대학원 과정에 외래교수로 출강하며 한국수화를 언어학적으로 심도 있게 연구하고 있는 김칠관의 노고는 참으로 크다. 김칠관은 인천 성동(농아)학교에 재직하던 1990년대 초부터 한국수화 연구의 선구자로서 많은 연구성과를 학계와 현장에 펼쳐 놓았다.

그가 발표한 수많은 연구논문들은 수화통역의 제도화를 위한 다양한

〈그림 4-6〉 이준우의 수화 관련 저서들

연구들이 가능하게끔 하는 초석이 되었으며 나아가 수화통역사 자격시험(1997)으로 이어지는 바탕이 되었다. 더욱이 김칠관이 주장했던 '수화학습과 수화통역' 방안에 대한 통찰은 2002년 당시 나사렛대학교에 재직하고 있던 이준우 교수에게 큰 영향을 미쳐 나사렛대학교 학부 및 대학원의 수화통역 교육과정 수립에 크게 기여하였다.

그리고 1996년 수화연구회로 창립된 '한국 수화 학회'는 2011년 현재 13회에 걸친 학술대회와 학회지인 〈수화연구〉 및 회보를 통해 많은 수화 관련 논문과 연구자료 등을 발표함으로써 한국수화의 언어학적 토대를 마련하는 데 많은 역할을 담당해 오고 있다.

또한 최근에 한국재활복지대학 수화통역과 교수인 원성옥을 중심으로 개발된 《수화번역의 이론과 실제》(2009)와 김칠관과 나사렛대학교에 재직하고 있는 윤병천 교수가 공저한 두 권의 책, 《수화통역학 개론》, 《응용언어학 개론》 등은 수화통역을 위한 통역의 기초이론을 비롯하여 수화통역의 언어학적 기반이 되는 한국수화의 문법, 수화번역

등을 체계적으로 정리함으로써 한국수화의 언어학적 발전과 수화통역 교육에 큰 도움을 주고 있다.

바야흐로 한국의 수화는 언어학적 수화 발전기에 접어들었다. 바로 이러한 시기에 어떤 수화통역사를 길러내야 하는지에 대한 논의는 대단히 중요하다고 하겠다. 무엇을 갖고 교육하고 훈련해야 하며 어떻게 양성할지를 연구해야 하는가는 대단히 중요한 과제인 것이다.

무엇보다도 가장 먼저 수화통역사가 통역 시에 사용하는 수화가 어떤 수화인지에 대한 연구가 구체적으로 이루어져야 한다. 좀더 쉽게 정리해서 단적으로 말하면, 농인들이 실제로 사용하고 있는 '관용적 수화' 혹은 '농식 수화'에 초점이 맞추어져야 한다는 것이다. 농식 수화야말로 농 사회의 구성원들 간에 의사소통을 목적으로 자발적으로 생성된 자연언어이며 언어 연구는 이러한 자연언어에 대한 연구이기 때문이다.

지금 한국의 상황에서는 다소 극단적인 말일지 모르겠지만 상식적으로 혹은 원칙적으로 말해서 한국수화란 곧 농식 수화를 지칭한다고 보아야 한다. 농식 수화가 아닌 한국어의 문법에 맞춰서 인공적으로 만들어진 '문법대응식 수화' 혹은 '한글식 수화'는 자연언어를 주된 연구 대상으로 하는 언어학계로부터 언어학적 연구의 대상으로서 인정받을 수 없다.

그러므로 이제 우리는 실제로 농인이 사용하고 있는 '농식 수화' 자료를 수집하여 자료화하는 일을 시급하게 해나가야 한다. 동시에 이러한 '농식 수화'를 활용하는 수화통역 훈련 또한 체계적으로 이루어져야 한다. 그렇게 함으로써 단어 대 단어 치환이 아닌 의미중심의 수화통역이 가능하게 되는 것이다(이준우, 2004a).

3. 수화의 언어학적 특징

언어학은 그 폭이 매우 넓다. 그래서 언어에 관한 것이라면 무엇을 추구하더라도 좋다고 할 수 있다. 그렇다고는 하더라도 19세기 이후 언어학은 다음 세 가지 점을 중요하게 생각해 왔다. 그것은 소리와 공통의 말, 그리고 현재의 말이다.

말에는 '화어'(話語 - 이야기 말)와 '문어'(文語 - 쓰기 말)가 있다. 그러나 이 두 가지가 반드시 같지 않다는 것은 경험적으로도 느낄 수 있다. 어느 쪽이나 언어임에는 틀림없으나 언어학에서는 앞의 것을 중요하게 생각한다. 그래서 언어는 소리가 기본이라는 생각이 굳어지게 된 것이다. 여기서 글자가 없는 언어는 있어도 소리가 없는 언어는 없다는 생각이 일어나게 되는 것이다.

그러나 언어의 기본이 되는 소리(말소리)라고 하여 모든 언어가 같은 소리를 이용하는 것은 아니다. 뿐만 아니라 한 언어를 이루는 소리라고 하더라도 그것을 사용하는 사람들이 기계처럼 똑같은 소리를 낸다고 할 수는 없다. 그래서 말소리의 바탕이 되는 소리를 추상적인 것으로 보기도 한다. 더욱이 지역적 변이(방언)로 인한 소리의 변화는 모든 언어에서 볼 수 있는 자연현상이다(김칠관, 2009).

한편 수화는 어떠한가? 수화는 글자가 없다. 소리도 없다. 그렇다면 소리를 언어의 기본으로 믿고 있던 생각과는 어긋나게 된다. 그렇다고 수화는 언어라고 할 수 없는 것일까? 그렇지 않다. 그 대신 수화는 소리에 맞먹는 시각적인 변별요소들을 지녔다. 특정한 소리가 한 언어의 변별요소가 되는 것과 같이 수화는 특정한 손 모양(1차적이며 대표적인 변별요소)을 지닌다.

손으로는 수많은 모양을 나타낼 수 있지만, 그렇다고 수화가 모든 손 모양을 아우르는 것은 아니다. 그것은 언어(음성언어)가 소리를 변별요소로 쓰면서도 모든 소리를 포함하는 것은 아닌 것과 같다. 한국수화의 {거짓말}에서 1지는 펼 수도 있고, 또 굽힐 수도 있다. 사람에 따라 여러 가지 다른 모양으로 나타날 수 있다(김칠관, 2009).

따라서 언어는 말소리와 글자의 유무와는 상관없이 형태를 기반으로 한다고 정의할 수 있을 것이다(이준우 외, 2010). 또한 언어학은 언어의 구조에 관해 연구하는 것으로, 여기서는 수화의 언어학적 특성, 즉 언어로서의 수화의 구조에 관해 살펴보고자 한다.

1) 언어의 개념

최성규(2001)는 언어란 시대에 따라 변하고 공동체 구성원이 공유하는 임의적 상징과 문법적인 기호 시스템이며 다른 사람과 상호작용하기 위해 생각·감정·의도를 의사소통하고, 세대 간의 문화를 전수하기 위한 목적으로 사용되는 것이라고 정의하였다.

한마디로 언어는 규칙이 지배하는 의사소통 체계이다(Valli & Lucas, 2000; 최상배·안성우, 2003 재인용). 이처럼 규칙이 지배하는 다른 의사소통의 예는 모스부호나 수기, 교통신호 체계, 공공장소에서 사용되는 상징, 벌이나 새와 같은 동물이 내는 소리 등이 있다. 이와 같이 다른 의사소통 체계들은 비슷한 특징을 가지지만 언어는 많은 부분에서 이들과 구별된다(최상배·안성우, 2003).

2) 수화의 각 영역별 특징

언어학의 하위영역은 언어학 고유영역만이 아니라 언어에 관심을 갖는 여러 학문과 관련을 맺고 있어 매우 광범위하다. 그러나 여기에서는 음운론, 형태론, 의미론, 통사론, 화용론에 한정해 살펴보고자 한다(이준우, 2004a; 2004b).

(1) 음운론적 특징

음성을 연구하는 분야가 음성학이라면, 음운을 연구하는 분야가 음운론(*phonology*)이다. 우리가 사용하는 음성의 공통적이고 추상적인 성질을 음운이라 한다. 음운을 이해하려면 먼저 음소에 대해 알아야 하는데 음소(*phoneme*)란, 더 이상 작게 나눌 수 없는 음운론상의 최소 단위를 말한다. 즉 음운론은 /ㄱ/이 상황에 따라 〔k〕이나 〔g〕와 같이 이음(*allophone*)으로 발음되는 소리의 변화 등을 연구하는 것이다.

수화학의 선구자 스토키(Stokoe, 1919~2000)는 phone-(설명: 음소, 즉 phone me라든지 이음, allophone과 같이 음운론상의 최소 단위를 말할 때, 'phone'이 사용됨)을 사용하는 용어들을 각각 수화론(*cherology*), 수화소(*chereme*), 이수화(*allocher*)로 바꾸는 것을 제안했다(Rowe & Levine, 2007). 또한 스토키 등(Stokoe et al., 1976)은 음소에 상응하는 수화소에 수형(손의 형태), 수위(손의 위치), 수동(손의 움직임)이 있다고 하였다.

〈표 4-1〉 수화와 음성언어의 비교

	수화	음성언어
조음기관	눈으로 확인 가능 관절, 근육, 움직임에 따라 다름 머리, 얼굴, 몸통, 팔, 손등으로 조음	호흡기관: 폐, 기관지 후두: 성대, 성문 성도: 인두, 구강, 비강
기본위치 기본자세	직립자세에서 팔이 앞을 향한 상태에서 팔꿈치의 굴절	혀의 중간 위치
조음공간	3차원 공간 허리에서 머리 위, 어깨에서 양옆으로 떨어진 공간 등. 팔이 뻗칠 수 있는 범위내의 공간	목
구성요소	수형 수위 = 조음위치 수동 수향(장향: 손바닥 방향. 지향: 손가락 끝 방향)	공기의 흐름 마찰 혀의 움직임 성대의 떨림
감정표현	동작의 세기, 길이	음의 고저, 강세
공통점	음성언어와 수화는 표면적 차이(감각기관, 인지, 표현기관)에도 불구하고 구조적으로 유사하다.	
	구성요소들이 합쳐져서 하나의 단어를 형성한다. 또한 서로 다르게 합쳐져 무한히 많은 단어를 만든다(불연속성).	

자료: 이준우(2004b), 《농인과 수화》, 인간과 복지, p.157.

그 후 베티손(Battison)에 의해 장향(손바닥 방향)이 추가되었고, 클리마(Klima)와 벨루지(Bellugi)는 스토키(Stokoe)의 3요소를 주 매개변수라 하고 여기에 손의 방향(*orientation*), 손의 접촉점(*contacting region*), 손의 배열(*hand arrangement*)을 덧붙여 부 매개변수(*minor parameter*)라 하였다. 부 매개변수는 수형의 하위분류이다. 즉, 수형이 같더라도 방위, 접촉점, 손의 배열(양손관계)에 의해서 세부적으로 구별된다(석동일, 1989; 최상배·안성우 재인용, 2003).

최근에는 일반적으로 미국수화(ASL)의 수화소를 분석할 때 수형(*handshape*), 수위(*location*), 수동(*movement*), 수향(*orientation*), 비수지기호(*nonmanual signals*)의 5가지로 본다(이준우, 2004b).

(2) 형태론적 특징

단어의 형태적 특성을 연구하는 것을 형태론이라 한다. 형태론을 이해하려면 형태소를 이해하여야 한다. 형태소는 의미의 최소단위로 예를 들어 '학교에 가다'란 문장에서 {학교}, {에}, {가}, {다} 처럼 나누어지는데, 자립성의 유무에 따라 자립형태소와 의존형태소로 구분된다.

즉, 형태론은 이러한 형태소 및 형태소의 결합에 의한 단어의 구성과 그 구조에 대해 연구하는 것으로, 조어론(단어 형성과정)과 품사론(9개의 품사)으로 나눌 수 있다.

수화에서 형태론 또한 '수화소' 또는 수화소의 결합으로 발생되는 수화어휘의 형태소(*morpheme*)를 연구하는 분야이다. 즉, 가장 작은, 의미있는 언어 단위를 연구하는 분야로 어떻게 이런 의미체가 새 단어나 수화어휘를 만드는 데 사용되는지를 연구하는 것이다(이준우, 2004b).

이미 존재하는 단어나 수화의 형태를 사용하여 전혀 새로운 수화를 만들어내기도 하고, 복합어(*compound*)를 만들기도 하며, 다른 언어에서 차용하여 사용하기도 하고, 음성언어의 언어형태부터 새로운 수화를 만들기도 한다. 그래서 구성방법에 따라 수화의 형태론의 개념과 용어는 학자마다 다르게 분류되어 설명된다.

분트(Wundt)는 여러 나라의 수화를 분석한 결과 모든 수화에 일반적인 특성이 있으며 외현(外現) 동작으로 개념을 나타내는 방법에는 기본적인 두 가지 방법이 있다고 하였다. 그 방법은 지사(*directing*)와 모방(*imitation*)으로 수화기호에는 두 가지 기본기호 즉, 지사기호와 모방기호가 있으며 모방기호는 모사, 표현, 상징으로 나누어진다고 하였다(최상배 · 안성우, 2003).

스토키 등(Stokoe et al., 1976)은 분트(Wundt)의 분류와 유사하게 몸짓기호, 모방기호, 표식기호, 지사기호, 명칭기호, 어두형기호로 수화의 기호를 분류하였다.

김승국(1983)은 수화의 기호구성 방법을 알아보기 위해 기본이 되는 낱말의 기호가 대상이나 활동의 어떠한 자질을 상징하고 있으며 다른 낱말의 의미를 전하기 위해서 그것들이 어떻게 결합되는지를 다음의 7가지 방법으로 분석하였다.

첫째, 지사(指事)는 신체부위나 공간을 가리키는 명사, 사람 이름을 대신 가리키는 인칭대명사 및 사물이나 장소를 가리키는 지시대명사의 대부분, 그리고 가령 '산'을 가리키는 명사의 일부 등과 같이 가리키는 동작의 의미가 무엇인지 쉽게 구별할 수 있는 것은 모두 가리키는 동작으로 표시하는 것을 의미한다.

둘째, 모방(模倣)은 낱말이 의미하는 것을 동작으로 나타내는 것을 의미한다.

셋째, 상형(象形)은 낱말이 의미하는 대상의 형체나 그 형체의 변별자질을 손이나 손가락으로 나타내는 것을 의미한다.

넷째, 형지(刑指)는 대상의 형체를 만들어 보이고, 그것을 가리키는 동작을 해 보이는 것을 의미한다.

다섯째, 형동(刑動)은 형체만을 만들어 보이거나, 대상의 동작만 해 보임으로써 그것이 의미하는 바가 무엇인지 전할 수 없는 경우에 사용되는 방법이다.

여섯째, 회의(會意)는 둘 이상의 형태소를 합쳐 다른 의미를 가지는 것과 같은 복합 구성 방식이다.

일곱째, 전주(轉注)는 한 수화의 의미가 여러 가지 동의어나 유사어로도 사용되는 경우이다.

(3) 의미론적 특징

의미론은 문자 그대로 내용적 측면으로서 언어에 대한 의미 구조를 연구하는 언어학의 한 분야이다. 언어의 기능이 의사소통에 있다 한다면 언어형식 속에 담겨져 있는 의미에 대한 연구는 매우 당연하다 할 것이다. 그럼에도 불구하고 언어학의 영역 가운데 가장 뒤늦게 발전한 분야가 바로 의미론(김진호, 2004)으로 수화의 의미론적 연구는 더욱 미흡한 실정이다.

사람들은 단어가 의미의 중심이라고 믿어 의미론 중에서는 어휘적 의미론이 가장 활발하게 연구되었다. 언어체계 속에서 어휘들은 다른 어휘들과 서로 관계를 맺고 있다. 직접적으로 관계를 맺는 경우만을 살펴보면 동의어, 다의어, 동음어, 반의어가 있다.

동의어의 경우 {옥수수}, {강냉이}처럼 전혀 다른 형식의 두 단어가 같은 뜻을 가지고 있어 문맥 속에서 교체될 수 있는 경우를 말한다. 다의어는 {음식을 먹다}, {나이를 먹다}처럼 하나의 어휘가 다른 의미들을 파생시키는 경우를 말하며, 동음어는 {어두운 밤}, {맛있는 밤}과 같이 동음이나 다른 의미가 있다. 반의어는 우리가 흔히 쓰는 반대말로 {가다}, {오다} 등이 있다.

수화에서도 이와 같은 어휘들의 특징은 그대로 나타난다. 예를 들어 동의어 {불편하다}, {귀찮다} 같은 경우는 다른 수형을 가지고는 있으나 문맥 속에서 서로 교체하여 사용할 수 있다. 다의어의 경우 수화에서도 {먹다}라는 하나의 단어가 위의 사례와 같이 그대로 {음식을 먹다}, {나이를 먹다}로 사용되어 다른 의미를 파생시키고 있다.

소리가 없는 수화에서 동음어를 찾을 수는 없으나, {날}이라는 같은 수형을 가진 수화가 {올해}와 {월요일}에서 동시에 사용되는 것을 볼 수 있다. 반의어의 경우도 {과거}, {미래}와 같이 수형이 바뀌면서 반대의 의미를 갖는 것들이 있다.

의미 구조의 모호성으로 인해 의사전달이 정확히 되지 않는 경우가 있다. 둘 이상의 해석이 가능한 중의적 표현과 두 단어 이상으로 이루어져 원래 단어의 의미보다 더 특수한 의미를 가지는 관용적 표현이다.

예를 들어 {나는 엄마와 아빠를 만났다}라는 문장의 경우, '나는 엄마와, 아빠를 만났다', '엄마와 나는 아빠를 만났다'와 같이 모호한 표현으로 중의성을 가진다. 또한 속담에서 흔히 찾아 볼 수 있는 관용적 표현의 경우 {등잔 밑이 어둡다}의 경우 '가까이에 있는 것을 보지 못한다'는 의미를 가지는 것처럼 원래의 의미에 그치는 것이 아니라 새로운 의미를 가진다.

조사가 없는 수화의 경우 의미구조의 모호성은 더욱 문제가 된다. 예를 들어 {나} + {너} + {사랑}이라는 수화를 사용했을 경우, '나는 당신을 사랑해' 또는 '나를 당신이 사랑해'처럼 같은 수화 문장을 전혀 다르게 해석할 수 있다.

이해를 돕기 위해 극단적인 예를 들기는 했으나, 실제로 일상생활에서 이로 인해 많은 어려움을 겪고 있는 부분이기도 하다. 관용적 표현의 경우 농인들이 많이 사용한다. 한 예로 {쥐} + {길}이라는 두 개의 수화가 합쳐져 '지름길'이라는 새로운 의미를 생성시킨다.

언어는 시간의 흐름에 따라 신생, 성장, 소멸의 과정을 겪는다. 이를 역사성이라고 하는데, 의미론에서는 언어의 의미 변화 양상을 빠르게 인식할 수 있다. 의미의 변화는 심리·사회적 이유와 같은 여러 가지 이유로 인해 확장, 축소, 전이된다.

예를 들어 {보다}의 경우 '며느리를 보다', '손자를 보다'와 같이 의미의 확장을 가져왔으며, {뫼}의 경우 '밥, 진지'란 뜻이 있으나 지금은 '제사 때 올리는 진지'로 축소되었다. 또한 과거에는 {어리다(愚)}가 어리석다고 사용되었으나 요즈음에는 '나이가 어리다'의 뜻으로 사용되고 있고, {배우}가 과거에는 천한 직업으로 여겨졌으나 지금은 선망의 직업으로 생각되는 것과 같이 그 의미가 전이되었다.

수화에서도 이와 같은 의미의 변화는 일어난다. 의미가 확장되는 예로는 {한국지도} → '지도'의 의미로 사용되는 경우 등이 있으며, {보석} → '다이아몬드'처럼 의미가 축소되어 사용되는 경우도 있다. 또한 한쪽 손등을 다른 손으로 꼬집어 비트는 수형을 가진 {벌}의 경우 과거에는 '고통'을 의미하였으나 지금은 '벌'로 전이되어 사용된다.

살펴본 것과 같이, 의미는 언어 사용자의 일정한 사회에서 결정되는 것이기 때문에 같은 수화의 조합으로 이루어진 수화 어휘라도 사회문화적 상황에 따라 그 의미가 달라진다(이준우, 2004b).

(4) 통사론적 특징

통사론은 문장을 기본 대상으로 하여 문장의 구성요소나 문장의 구조 및 기능 등을 연구하는 분야이다. 국어에서 다루는 통사론을 살펴보면, 문장의 구성요소에는 주성분, 부속성분, 독립성분이 있다. 주성분은 주어, 서술어, 목적어, 보어 등이 있고, 부속성분에는 관형어, 부사어 등이 있으며, 독립성분에는 독립어가 있다(고창운, 2006). 이러한 성분을 이루는 것에는 품사, 구, 절 등이 있다.

구조에 따른 문장의 갈래에는 홑문장과 겹문장이 있다. 홑문장은 주어와 서술어가 각각 하나인 문장을 말하며, 겹문장은 다시 안은 문장과 이어진 문장으로 나누어진다. 안은 문장은 {장미는 내가 좋아하는 꽃이다}처럼 주어와 서술어가 그 안에 다시 주어와 서술어를 안고 있다. 이어진 문장은 다시 {장미는 빨갛고, 개나리는 노랗다}와 같이 대등하게 이어진 문장과 {봄이 오면, 꽃이 핀다}와 같이 종속적으로 이어진 문장으로 나뉜다.

문장 종결 양식에는 말하는 사람의 의도에 따라 평서문, 감탄문, 의문문, 명령문, 청유문 등이 있으며, 시제에 따라 현재시제, 미래시제, 과거시제가 있다. 또한 문장의 종류에는 피동문과 사동문이 있는데, 피동문의 경우 남에 의해 행위를 당하거나 받는 형태로 '이, 히, 리,

기'가 결합되어 사용되는 것으로 {도둑이 붙잡히다}와 같이 사용된다. 사동문의 경우 남에게 어떤 행위를 시키는 형태로 '이, 히, 리, 기, 우, 추' 혹은 '-게 하다'를 결합하여 사용하는 것으로 {밥을 먹이다}와 같이 사용된다.

'안, 못'이 문장 안에 쓰여 문장을 부정문으로 만드는 경우와 소리의 길이, 세기, 높이, 어휘의 반복 등을 이용해 문장이나 문장의 일부를 강조하는 경우도 있다.

언어를 언어답게 하는 특징 중 하나는 언어의 생산성이다. 언어가 만드는 문장의 수는 무한대이다. 그러나 언어가 문장을 만드는 데는 제한적이고 일관된 법칙이 있다. 언어 사용자는 이러한 법칙을 알아야 새로운 문장을 만들 수 있고, 다른 사람이 사용한 문장을 이해할 수 있다.

수화에는 주어, 목적어, 서술어와 같이 문장성분을 나타내는 조사나 어미활용이 없다. 그러나 어순이나 굴절 등에 의한 방법으로 문장성분을 나타낸다. 수화는 완전히 발달된 언어이며 구어와 마찬가지로 무한대의 새로운 문장을 창조할 수 있다(이준우, 2004b).

많은 부분을 문장으로 이해해야 하는 수화의 특성상, 수화 통사론에 관한 연구 또한 활발하게 이루어졌다. 먼저 엄미숙(1997)은 성인 농인을 대상으로 문장구성론(어순, 문장성분의 실현방법, 연결어미의 실현방법, 연결어미의 실현방법)과 문법범주론(의향법, 시제법, 부정법, 사동법과 피동법의 실현방법)을 구분하여 분석하였다.

윤병천(2004)은 통사론에서의 비수지기호의 중요성을 강조하면서 한국수화에서 비수지기호의 형태론은 한국어에서 소리의 세기, 높이, 길이, 쉼, 억양의 역할과 유사한 것으로 자연수화와 함께 실현되었다고 보고하였다. 이러한 주장은 한국수화에서 비수지기호는 분명한 문법적 기능을 한다는 사실을 실증적으로 밝힌 것으로 보인다.

남기현(2003)은 수화공간이 문법적 기능을 함으로써 통사론에서 다루어야 함을 말하였다. 수화공간의 문법적 기능은 음성언어에는 존재하지 않는 수화만의 특징이다.

(5) 화용론적 특징

사람이 언어를 안다는 말은 언어의 구조를 안다는 것뿐만 아니라 언어를 적절하게 사용할 줄 안다는 것이다. 언어를 적절하게 사용한다는 것은 대화상황에 적절하게 참여하거나 거기에서 빠져나올 줄 안다는 의미이며, 요구나 사과에 적절한 표현을 안다는 의미이기도 하다. 따라서 수화의 화용론적 특징은 수화의 사회언어학과 상통하는 부분이 많음을 의미한다.

즉, 사회언어학은 언어와 사회구조 사이의 관계를 연구한다. 언어의 차이, 언어 사이의 접촉, 언어계획, 언어태도, 사회적 상호작용과 언어의 관계, 대화의 구조를 연구한다. 우리나라에서는 수화화용론을 연구한 연구를 찾기가 매우 힘들지만 수화가 적절하게 상황에 맞게 쓰이며, 수화의 사회언어적인 측면과 깊은 관계가 있음을 밝히는 수화화용론은 앞으로 많은 연구가 필요한 분야이기도 하다.

수화의 화용론을 나타낼 수 있는 분야로는 미국수화(ASL)의 예를 볼 때, '지문자로 이야기' 하기, '분류사' 이야기, 수화 드라마, 수화 연극, 농 유머, 수화 시 등을 통해 환경에 적절하게 맞는 수화가 나타나고 있으며, 수화를 예술의 한 부분으로 나타내기도 한다(이준우, 2004b).

지금까지 수화의 각 영역별 특징을 살펴보았다. 오늘 우리 사회에서 가장 필요한 것은 자기존중과 자기인정 그리고 건청인만이 아닌 청각장애를 갖고 있는 농인도 존재한다는 사실을 인정하는 일이다. 진실로 자신의 어떤 견해를 다른 사람에게 이해시키고 또 자신이 그를 이해하기를 바란다면 먼저 상대를 배려하고 이해하려는 노력이 우선되어야 한다.

만일 내가 그 사람을 존중해주지 않는다면 그 사람도 나를 존중하지 않을 것이다. 둘 중 누구도 진정으로 노력하지 않을 것이며 결과적으로 의사소통은 부실해질 것이다. 사용된 의사소통의 방법이 어떤 것이건 간에 말이다. 그러므로 농인을 제대로 이해하기 위해서는 그들의 가장 보편적인 의사소통 방식이라 할 수 있는 수화를 언어로 인정하는 것이 우선적이라고 할 수 있다. 즉 수화가 말하고 듣는 언어와 동등한 입장에서 평가되고 이해되어야 한다는 것이다.

물론 수화는 형태와 문법적인 면에서 음성언어와 다르다(Paul & Quigley, 1994). 하지만 스토키(Stokoe, 1960)는 세 가지 측면에서 수화가 독립적인 언어형식을 가지고 있다고 하였다. 첫째, 사용하는 집단 내의 구성원들에 의하여 시간이 흐름에 따라 수화가 발달한다는 것, 둘째, 수화에 일찍이 노출된 농 아동들은 일반적인 언어획득 과정을 거친다는 것, 셋째, 수화에는 독특한 언어구조가 있다는 것이다.

그리고 푸스펠트(Fusfeld, 1970)는 "수화는 농인들의 의사소통을 위한 유일한 언어체계이며 사상을 나타내는 데 수화에 의존하는 것은 깊고 내적인 욕구에 강하게 뿌리박은 자연적인 현상이다"라고 말한다.

터부트(Tervoort, 2001)는 "수화는 인간적 접근과 지식에 대한 농 아동의 욕구에서 실망과 좌절을 보다 덜 겪게 하며, 또 언어적 도구를 발전시키기 위해 보다 쉽고 빠른 방법을 제공한다. 수화가 주는 이런 유익함은 구화주의의 발달에 따른 이익보다도 가치가 있다"고 설명한다.

1960년대 이후 수화의 언어학적 특성 및 수화 사용 효과에 대한 연구들이 나오면서 수화에 대한 관심을 고조시킨 결과 인어학자들에 의해 미국수화(ASL: American Sign Language)가 언어로 인정을 받음으로써 자연수화가 문법체계를 가진 농인들의 자연적 언어인 것을 인정하기에 이르렀다(Bellugi & Fisher, 1972).

이렇게 수화가 하나의 언어로서 인식되면서 수화가 농 아동의 인지발달에 미치는 영향에 대한 연구가 실시된 결과, 수화는 농 아동이 타인과 의미 있는 대화를 충분히 나눌 수 있는 의사소통 도구이며, 이러한 충분한 의사소통을 통해 농 아동은 건청인 아동과 유사한 인지발달 단계를 밟아 나아간다는 것이 밝혀지고 있다(Jamieson, 1995; Jamieson & Pederson, 1993; Meadow-Orlans, 1995). 이와 같은 연구결과는 역으로 수화가 진정한 언어라는 사실을 반증하는 것으로 평가된다.

또한 앞에서도 살펴본 것처럼, 수화의 구조에 대한 연구에서 수화는 다른 여러 언어와 마찬가지로 충분히 발달된 언어로서 수형(*hand configuration*), 수위(*place of articulation*), 수동(*movement*)이라는 하위 어휘구조로 이루어져 있으며(Klima & Beluugi, 1979), 수화의 문장조직을 표현하기 위해 3차원의 공간에서 수화 단어들이 결합되는 문법을 지녔음을 알 수 있다(Courtin & Melot, 2005).

특히 시각적인 특성을 지닌 수화의 문법에서 눈과 얼굴, 머리의 움직임이 아주 중요한 역할을 하는데, 감정에 관한 정보가 담겨 있기도 하고, 대화를 통제하는 정보를 전달하는 데 사용되기도 한다는 것이다(Wilcox, 1989).

이상의 내용에 근거할 때, 수화는 언어임에 틀림없다. 따라서 이제 수화도 엄연히 독립된 언어로서 받아들여져야 하며 수화라는 언어를 사용하는 농인들이 보다 자신의 권리로서 수화를 당당하게 쓸 수 있도록 사회제도적인 뒷받침을 지속적으로 해 나가야 할 것이다.

제3부

교육적 이해

제5장 농 아동은 어떻게 배우는가?

제6장 농인의 재활은 어떻게 하는가?

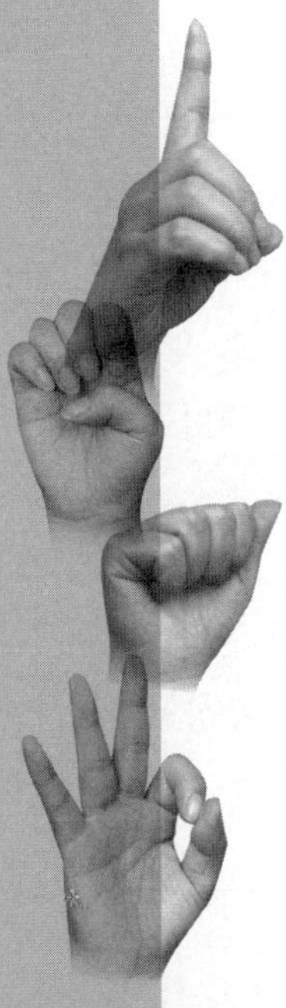

Deaf
&
deaf

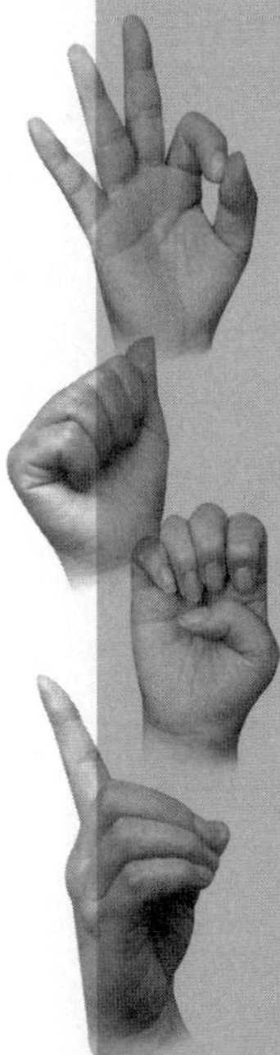

정상적인 청각을 타고난 건청인들은 자신들이 얼마나 쉽사리 주변의 소리들을 포착하여 그것들을 자신에게 기쁨을 가져다주는 것들과 연계시키곤 했는가를 제대로 기억하지 못한다. 예를 들면 "맘마", "까까", "냠냠", "더 줘" 기타 등이다(이준우, 2004b).

건청인 수화통역사의 경우에 적용해서 좀더 생각해 보자. 우리가 자라면서 낱말들에 대한 우리의 이해도 자란다. 우리는 주로 음성학 위주의 성장을 하였다. 우리는 "밥 줘"라는 말을 글로 쓸 수 있기 훨씬 전에 그 의미를 이미 알고 있었다. 당연히 수많은 의문들이 우리 마음에 떠올랐고 우리는 이미 터득한 소리들을 이용하여 그것들을 물어 보았다. "하늘은 왜 파랗지요?", "풀은 왜 푸른색이지요?", "새들은 어떻게 날지요?" 이렇게 수많은 의문을 품으면서 우리는 분석하고 숙고하였다. 그리하여 우리의 사고능력이 발달하였다. 우리는 배우는 방법을 배웠다. 우리는 탐구하고, 벗기고, 발견하고, 재발견하라고 격려를 받았다. 우리는 우리 주위 세계에 대한 외경심을 기르고 있었다. 그리고 삶에 내재한 신비한 마력들 중에서 많은 것을 잡아낼 수 있었다(Chaney, 1992).

이제 들을 수 있는 능력을 싹 지워 없애 보라. 이것이 어린 아이들의 발달에 어떤 영향을 끼치는가? 청각장애를 갖고 있는 농 아동의 마음속에 생겨난 그 의문들은 어떻게 되는가? 그러한 질문들 자체가 제기될 수 없다. 그 아이는 "왜", "…인가요?", "파란" 같은 것들을 입으로 말하는 법을 미처 배우지 못했기 때문이다. 또는 부모나 전문가의 움직이는 입술을 판독하는 능력을 아직 키우지 못하고 있기 때문이다.

그의 호기심의 의식—알고 싶어 하는, 탐구하고자 하는, 실험하고자 하는 욕망은 어떻게 된 것인가? 전적으로 입을 통한 교육방법에 의하면, 말이 의사소통을 선행한다는 것이다. '의사소통'과'언어'는 '구두상의 의사소통'과 '언어'라고 정의되기 때문이다.

그러나 수화에서는 이런 정의가 허용되지 않는다. 그건 (의사소통하기에) '쉬운 방법'이기 때문이라고 하였다. 그래서 말이 '발달되어야 한다'는 것이다(Bebko, 1998). 청각장애가 일어났을 때, 아동의 나이가 매우 중요하다. 청각이 정상인 채로 태어나서 여섯이나 일곱 살 때 청각장애를 갖게 된 아이는 정상적인 언어습득 과정을 거쳐 성장하며 음성언어와 소리 그리고 말로 표현하기 등의 풍부한 경험도 의미 있게 간직하고 있다. 그러나 청각장애를 갖고 태어난 아이는 그런 경험이 전혀 없다. 따로 표현하려는 그의 시도를 인도해 줄 규범이 없다는 말이다. 이 어린이에게 '말'과 '말 읽기'는 우발성 농 아동의 경우와는 전혀 다른 문제인 것이다.

이해를 돕기 위해서 비유를 들어 설명해 보겠다. 유년기 후반에 청력을 잃게 되었다가 이제 말 읽기를 배우고 있는 아이는 음향을 꺼놓고 텔레비전 프로그램을 이해하려고 하는 사람으로 비유할 수 있다.

한번 실험해 보라. 텔레비전에서 자신이 좋아하는 프로그램을 볼 때, 그 전반부를 소리 없이 지켜보면서 대화를 따라가며 이해하려고 해 보라. 줄거리를 쫓아가 보라. 자신의 내부에서 무슨 일이 일어나고 있는지 이해하고자 해 보라. 자신의 언어 경험이 어느 정도인지 기억해 보라. 그 줄거리를 이해하고자 주의를 기울일 때, 자신의 긴장도가 어느 정도인가? 이 부분과 조금 전의 그 구분이 어떻게 맞아떨어지는가? 저기 새로 등장한 인물은 누구인가? 이야기의 30%를 따라 잡을 수 있다면 아주 양호한 시청자가 되는 셈이다. 이것이 바로 말 읽기의 좌절이다.

이제 소리를 다시 살려 놓으라. 편한 자세로 기대어 앉아 긴장을 풀라. 그 프로그램의 나머지를 즐겨라. 단 농인들은 '다시 소리를 켤 수 없다'는 사실을 명심하라.

청력을 잃은 상태로 태어나 말 읽기를 배우고 있는 아이는 중국어 프로그램을 소리를 끈 채 지켜보는 것에 비유될 수 있다. 말하는 사람의 입술을 움직임에 따라 낱말들을 인식하여야 할 뿐 아니라 일상적인 대화에서 사용되는 것과는 전혀 이질적인 언어 틀 속에 그 말들을 맞추어 넣어야 화자가 의미하는 것을 파악할 수 있다.

'말하기'와 '말 읽기'를 배울 때 당하는 좌절은 엄청난 것이다. 의사소통, 즉 질문을 하고 실질적이고 효율적인 방법으로 '연계'를 갖지 못하는 것은 견딜 수 없는 일이 될 수도 있다. 말이 언어와 의사소통을 선행하여야 한다고 믿을 때, 이러한 좌절은 당연한 결과이다.

그러나 그렇게 믿는 것이 반드시 옳은 일은 아니다. 농인 부모를 둔, 그리고 수년에 걸친 편견과 속설을 극복하고 수화를 배운 부모를 둔 농아동은 정상적인 가족관계를 함양해 갈 수 있는 기회를 가지고 있는 것이다. 농인 자녀가 "풀은 푸른색이지요?"라고 묻기도 쉽고, 동년배의 건청 아동이 하는 것처럼 바르고 명쾌한 답을 쉽고 자연스럽게 얻어낼 수 있다(Clack, 1993).

'손-눈'의 협동 작업이 말의 기능화보다 더 빠르게 발달함으로 건청 아동보다 더 빨리, 그리고 보다 효율적으로 의사소통할 수 있게 될 것이다. 의사소통이 이처럼 쉽게 이루어짐으로써 가정환경이 보다 안정되며 농인 자녀는 자신의 욕구와 불만을 보다 쉽게 표명하고 해명을 얻어내고, 대인 관계에서도 한결 편해질 것이다(Carney, 1994).

맥케이 버넌(McCay Vernon, 1970)은, 그의 유명한 논문 "입을 지배하는 마음"에서 손에 의한 의사소통(수화)이 이후의 구화 훈련에 결코 부정적 영향을 끼치지 않으며 또한 동시에 모든 학업 분야에서 보다 큰 성취를 마련해준다는 것을 밝혀 주었다(이준우, 2004b).

오늘날 많은 성인 농인들이 겪는 문제들 중 많은 것들이 정신적 충격을 주었던 유년기 훈련의 경험과 좌절 때문에 야기된 것들이다. 이런 경험들을 통하여 자신이 부족한 존재이며 낙오자라는 감정과 인간적 열등의식을, 그리고 심지어는 자신의 청각장애까지도 증오하는 마음을 갖게 된다는 것이다. 의사소통 또는 의사소통의 부재가 농인 개인이 자신의 삶에서 부딪치는 문제들과 타인과 관련된 문제들에 대처하는 정도를 크게 결정하여 준다(Bellugi, 1991).

결국 청각장애를 갖고 있는 농 아동의 교육과 재활은 독자적으로 존재하는 특별한 그 무엇이 아니다. 그러면서도 농 아동의 독특한 행동양식과 사고의 과정은 분명 존재한다. 그 이유는 앞서 말한 대로 농인과 건청인 간의 의사소통의 장벽으로 인해 생겨난 차이 때문이다. 건청인 중심의 사회 속에서 농 아동이 살아갈 때, 그 차이가 때론 너무도 크게 부각됨으로써 농 아동의 상황에 맞추어야 하는 측면이 고려되지 않을 수 없게 된 것이다.

그래서 농 교육은 병리적 차원에서 접근해서는 안 되며 오히려 건청 아동과의 '차이'라는 개념으로 인식할 필요가 있다. 소수의 언어적·문화적 집단 및 그 구성원에 대한 이해를 목적으로 고찰하는 접근이 되어야 하는 것이다. 막스 블랙(Max Black)의 다음과 같은 말은 농 교육과 재활에 대한 이 책의 주장을 뒷받침할 수 있는 좋은 비유가 되리라고 본다(Max Black, 1979; 최성규, 1997 재인용).

> 옛날에 한 철학자가 물고기에게 말했다. 삶의 목적은 사유하면서 현인이 되는 데 있다고. 그러자 물고기는 삶의 목적은 헤엄치면서 먹이를 잡는 데 있

다고 했다. 그 말을 들은 철학자는 '어리석은 물고기'라면서 중얼거렸다. 물고기는 뒤에서 '불쌍한 철학자'라고 속삭였다.

이렇게 농인이 겪는 어려움 중 가장 많은 부분이 청력의 상실로 인해 제대로 교육받지 못하면서 생기는 문장 이해능력의 부족이나 자립능력의 부족 등에 기인한다. 따라서 농인의 교육과 재활은 농인의 사회 적응에 아주 중요한 요소라고 할 수 있다.

제3부에서는 먼저 농인들이 어떻게 배우는지를 알기 위해서 농 아동의 특성, 농 아동 교육의 역사, 농 아동 교육과정과 지도방법 등 교육에 대한 이해, 농 아동 교육의 문제점에 대해 살펴본 후, 농인들의 재활에 대해 구체적으로 정리하고자 한다.

제 5 장

농 아동은 어떻게 배우는가?

농인들이 사회에 잘 적응하기 위해서는 교육이 절실히 필요하다. 제3장에서 거론한 바 있지만, 농인들과 의사소통하는 과정에서 많은 건청인들은 듣지 못할 경우 글로 쓰면 된다고 생각한다. 그러나 정작 농인들은 글로 쓰는 것을 꺼리는 경우가 많다. 이러한 경향이 일어나는 이유 중 일부를 우리는 교육에서 찾아볼 수 있다.

대부분의 아이들은 어머니의 목소리나 주위에서 들리는 소리들로부터 자연스럽게 학습을 시작한다. 그러나 농 아동의 경우 청각 상실의 시기와 상실 정도에 따른 변수가 있기는 하나 이러한 너무도 자연스러우며 지극히 당연한 학습이 이루어지지 못한 상태에서 초등학교에 들어가게 된다.

초등학교에 들어가서도 우리나라의 교육환경이 모든 농 아동이 일대일 집중 심화교육이나 특수 훈련을 받을 수 있는 상황은 아니다 보니, 단어에 대한 이해가 떨어지게 되고, 조사의 위치 등 문장을 쓰는 데 어려움을 겪게 된다.

실제로 농 아동을 대상으로 하는 농 교육의 가장 큰 고충은 소통이 고통처럼 느껴지게 하는 청각장애 학생들의 의사소통 능력과 함께 가르치고 가르쳐도 좀처럼 나아지지 않는 낮은 학업성취 수준이라 할 수 있다(Stewart & Kluwin, 2001). 이와 같은 이유로 인해 다른 장애 영역의 장애 아동들에 대한 교육보다도 농 아동의 교육은 더욱 전문적인 기술과 교수방법을 필요로 하게 된다.

농 아동의 교육은 대상 아동을 어떠한 관점에서 이해하느냐에 따라 방향 지어져 왔으며, 교육의 중점도 달라진다. 전통적으로 농 아동 교육은 청각 손상으로 나타난 언어의 문제를 개선하기 위한 보상 활동에 중점을 두었다.

그러나 보다 최근에는 개인의 특성을 고려한 교수 학습방법의 적용, 활동과 참여의 가능성을 바탕으로 한 잠재능력의 계발과 신장, 전인 발달을 위한 프로그램의 강조, 개인의 독특성을 인정하고 교육 대상 중심의 다양한 의사소통 기술의 발달 등에 중점을 둔다(강영욱, 2007).

이번 장에서는 교육적인 어려움이 있는 농 아동의 특성과 농 아동들에 대한 교육의 역사를 살펴보고, 농 아동의 학습 및 지도방법, 교육의 현황과 문제점 등에 대해 살펴봄으로써 농 아동들이 어떻게 교육받는지에 대한 이해를 돕고자 한다.

1. 농 아동의 특성

1) 농 아동의 이해

세계보건기구(WHO)에서는 1980년 국제 장애분류(ICIDH: International Classification of Impairments, Disabilities and Handicaps)라고 하는 장애에 관한 개념적 틀을 발표하면서 앞으로 이러한 분류법에 의하여 장애를 분류할 것을 권장하였는데, 이에 의하면 장애의 세 차원이라고 할 수 있는 손상과 기능장애, 사회적 불리가 인과적 또는 시간적 연속관계에 있는 것으로 본다.

손상(*impairment*)은 심리적·생리적 또는 해부학적 구조나 기능의 손실·손상 또는 비정상을 의미하는데, 이는 손실을 포함한다는 의미에서 질병(*disorder*)에 비하여 더 포괄적인 개념이다.

기능장애(*disability*)는 손상으로부터 야기된 것으로 인간에게 정상적인 것으로 간주되는 범위 내에서 또는 그러한 방식으로서 활동을 수행하는 능력의 제약이나 결여를 의미한다.

사회적 불리(*handicap*)는 손상이나 기능장애로부터 야기되는 것으로서 연령, 성, 사회문화적 요인에 따른 정상적인 역할의 수행을 제약 또는 방해하는 개인에 대한 불이익을 의미한다.

1990년 ICIDH-2에서 이를 좀더 보완해 기능장애와 사회적 불리를 제외하고, 활동과 참여라는 새로운 범주를 포함하였으며, 대략 5년 동안의 현장 검증과 국제회의를 거쳐 2001년 ICF(International Classification of Functioning)를 세계적으로 통용될 수 있도록 승인하였다(김종인·우주형·이준우, 2010).

이와 같은 준거에 따라 농 아동의 경우를 생각해 보면, 청각기관의 손상은 해부학적인 신체 구조상의 문제이며, 이 때문에 나타나는 듣기의 장애는 생리학적인 신체 기능의 문제로 청(聽) 감각 및 말 기능의 장애를 초래한다. 이러한 장애는 여러 가지 활동 중 의사소통, 지식의 습득 및 학습 활동, 대인관계 등에 어느 정도 제한을 줄 수 있으나 다른 많은 활동에는 큰 문제가 없다.

또한 참여 면에서도 직업 및 사회생활에서 제약이 예상되지만 다른 영역의 참여에는 제한적이지 않고, 원활한 활동을 할 수 있다. 따라서 농 아동 교육에서는 제한적인 것을 보상하면서도 가능한 것들을 계발·신장시키는 활동에 중점을 두어야 한다(강영욱, 2007).

2) 농 아동의 인지발달

일반적으로 아동의 인지발달을 설명하는 가장 기본적인 이론이 피아제(Piaget)의 인지발달 이론이다. 농 아동의 인지발달을 살펴볼 때 피아제의 이론은 매우 요긴하게 활용될 수 있다(Schlesinger, 1982; 이규식 외, 2004).

피아제는 아이들이 적응능력(예: 사고능력 및 신체능력)을 선천적으로 가지고 태어난다고 주장하였다. 이러한 능력은 환경에 적응하기 위해 기존에 학습이나 경험으로 형성된 개념을 적용하는 동화와 환경에 맞는 새로운 사고를 만들어가는 조절의 과정을 거치게 되는데, 동화와 조절이라는 적응과정을 통해 사고의 균형을 이루도록 하는 평형화 과정을 거쳐 인간의 인지발달이 이루어진다는 것이다. 당연히 농 아동들도 마찬가지의 인지발달의 과정을 밟아가야 할 것이다(이준우, 2002).

피아제(Piaget)는 인지발달 과정을 4단계로 나누어 제시하고 있다(Schlesinger, 1983). 이 4단계는 누구에게나 일정한 순서로 단계적으로 진행되지만 발달의 속도는 개인에 따라 차이가 날 수 있다.

1단계는 감각 운동기(출생~만 2세)로 이 시기는 환경에 적응하기 위하여 신체적 감각 및 운동발달에 의지하는 시기이다. 이 시기에는 생득적인 반사행동, 즉 잡기, 빨기, 응시하기, 미소 짓기 등이 주로 나타나며 초보적 수준의 감각 및 지각적 도식에 의한 활동에 의존한다. 그러나 후반기에는 외부세계는 영속적으로 존재하는 장소이고, 그 실재가 아동의 지각에 따라 좌우되지 않는다는 것을 깨닫는데, 이는 공간, 시간, 인과관계와 같은 중요한 개념을 이해하는 데 기초가 된다.

이 시기에 농 아동의 경우 시각 및 촉각 정보에만 의존하게 되고, 청각을 요하는 모든 경험에서 제외된다. 딸랑이 소리, 청소기 소리, 엄마의 목소리 등을 들을 수 없는 농 아동의 경우 사물에 대해 인지하는 데 어려움을 겪게 되나 가청(可聽) 아동들과 크게 차이가 나지는 않는다.

2단계는 전 조작기(만 2세~만 7세)로 수와 같은 상징을 사용하는 방법을 획득하는 시기이다. 조작의 의미는 논리적 사고를 말하는데, 자기중심적으로 다른 사람의 관점에서 사물을 이해할 수 없고, 모든 사람들이 자신이 보는 것과 같이 세상을 보고 있다고 생각하는 이 시기에는 논리적 사고와 연역적 사고가 불가능하다.

따라서 논리보다는 지각에 의존한다. 또한 움직이는 것은 모두 살아 있고 움직이지 않는 것은 죽은 것으로 생각해, 탁자와 꽃은 움직이지 않으므로 죽은 것이고, 자전거와 구름은 움직이기 때문에 살아 있는 것으로 보기도 한다.

또한 눈에 보이지 않는 사물이나 행동을 표상하기 위해 상징을 사용하는데 상상놀이, 그림, 언어 등을 사용해 표현하며, 성인이 정해놓은 규칙에 맹목적으로 복종하고, 꿈을 꾼 것이 실제라고 생각해 꿈이 현실로 존재한다고 전적으로 믿는 시기이다.

이 시기에 언어는 아동의 내적 표상을 표현하는 중요한 상징적 수단이다. 언어를 통해 시야를 넓히고, 과거를 다시 체험할 수 있으며, 미래를 이야기할 수도 있고, 사건을 다른 사람에게 전달할 수도 있다.

그러나 농 아동의 경우 이러한 경험이 제한적일 수밖에 없다. 또한 규칙에 대한 설명이 제대로 전달되지 않을 경우 일반 건청 아동들과는 다르게 규칙을 무시하는 행동을 함으로써 인지능력이 떨어진다는 오해를 받는 경우도 있다.

3단계는 구체적 조작기(만 7세~만 11세)로 문제에 대한 논리적 사고가 가능한 시기이다. 논리적 사고가 발달하지만, 현실에 존재하며 관찰이 가능한 구체적 사건·사물에 한정된다. 또한 이 시기에 전 조작기의 자기중심적 사고는 탈 중심적 사고로 바뀌게 된다. 물체의 속성이나 실체가 바뀌지 않는다는 보존개념과 사물과 현상들을 유사성에 따라 분류하고, 순서대로 서열화하는 것이 가능하게 되며, 규칙이 서로의 합의에 의해서 만들어지고, 서로가 동의하면 변경될 수 있다는 것을 알게 된다.

일반적으로 시각을 통해 받아들이는 정보의 양보다는 청각을 통해 받아들이는 정보의 양이 훨씬 많다. 그러나 청각을 제외한 나머지 감각에 의해서만 정보를 받아들어야 하는 농 아동은 사물에 대한 정보를 빠르게 습득하기 어렵다. 따라서 일반 아동에 비해 농 아동의 경우 구체적 조작기에 해당하는 인지능력의 발달이 늦어지는 경향이 있다.

4단계는 형식적 조작기(만 11세~성인)로 이 시기에는 가장 성숙된 인지적 조작을 할 수 있는 단계로 추상적인 생각이 가능하고, 연역적인 사고가 가능하다. 실제적이며 구체적으로 경험할 수 없는 사물이나 사건을 머릿속에서 추상적으로 사고할 수 있고, 가설의 연역적 추리가 가능하며, 문제해결을 위해 사전에 모든 방법을 생각하고 체계적으로 조합할 수 있는 조합적 사고가 가능하다. 우리가 할 수 있는 추상적인 생각이나 연역적 사고의 경우 우리가 이미 알고 있는 지식 정보의 범위 안에서 이루어지게 된다.

하지만 농인의 경우 언어의 장벽으로 인해 한정된 추리와 사고를 할 수밖에 없다는 어려움이 있다. 실제로 언어가 인지적 구조의 발달에 중요한 역할을 차지하지 못한다고 한 퍼스(Furth, 1966)도 구체적으로 추상적 개념, 즉 언어상징으로 표현될 필요가 있는 개념을 언급할 때는 언어가 중요하다고 주장한다(이준우, 2004b).

이 이론이 비록 아동이 처한 환경이 아동의 인지발달에 영향을 미친다는 것을 고려하지 않고 있어, 농 아동의 환경을 간과하고 있다 할지라도 농 아동들이 일반 아동들처럼 이러한 인지발달 단계를 거친다는 것이다.

그러므로 농 아동에 대해 기억해야 할 가장 중요한 것은 이들 대부분이 정상적인 지능을 갖고 있다는 것이다(Schlesinger, 1982; 이준우, 2002; 이규식 외, 2004). 이들은 인지력에 결함이 있는 것이 아니라 단순히 잘 듣지 못할 뿐이다. 이들은 건청 아동들과 똑같은 인지발달 단계를 따르나 약간 느릴 뿐이라는 것이다.

3) 농 아동의 학업수행

아동의 언어 숙달 저하로 나타나는 명백한 결과는 학업의 지체이다. 청력손실, 언어발달, 학업성취들 간의 관계를 잘 이해하지 못할지라도 일단 아동이 학교에 들어가고 나면 이를 무시하기 어렵다(Stewart & Kluwin, 2001; 이준우, 2002).

농 아동은 언어와 읽기를 동시에 학습하도록 기대된다. 읽기는 언어발달의 핵심이며, 학업을 성공적으로 이끌기 위하여 필수적인 부분이다. 불행하게도 언어의 어떤 측면은 읽기를 통해 빈약하게 학습된다. 일부 어휘항목들은, 특히 명사와 동사는 사진이나 행동으로 쉽게 나타낼 수 있기 때문에 문어 형태를 성공적으로 배울 수 있다.

다른 문법적 항목들은 가르치기 어렵지만 보통은 청각 경험으로 학습된다. 이러한 범주에 속하는 것은 기능어들로 쉽게 그 의미가 설명되지 않는다. 관용구는 반복되는 청각 경험을 통해 가장 잘 학습되지만, 단어의 다중 의미에 대한 지식은 읽기 학습에서 중요하나 문어 형태에서 빈약하게 학습된다. 또한 언어의 운율적 자질은 문어 형태에선 학습될 수 없다(Stewart & Kluwin, 2001; 이준우, 2002; 이규식 외, 2004).

농 아동의 학업수행능력을 논의할 때 이들 대부분이 정상 지능을 소유하고 있음을 기억하는 것이 중요하다. 그러나 실제로 농 아동들은 전형적으로 수학과 읽기에서 또래들보다 뒤떨어져 있다(Bess, 1988). 수행능력 검사의 명백한 문제는 학업성취와 함께 언어능력을 측정하려는 것이다. 결과적으로 이는 건청 아동보다 언어능력이 떨어질 수밖에 없는 농 아동이 자연스레 학업 수행 능력도 뒤처질 수밖에 없는 현실을 잘 보여준다.

또한 비구어(非口語) IQ 검사가 농인들이 같은 또래의 건청인 지능과 유사한 지능점수를 가지고 있음을 보여 준 이래로(Heward, 1996), 언어기술과 읽기의 어려움은 학업수행 점수가 낮은 것에 대해 부분적으로 책임이 있다는 것이 명백해졌다(Balow & Brill, 1975). 발로우와 브릴(Billow & Brill)의 연구보고서에서처럼 보청기와 인공와우 기술의 발전과 지도 전략의 변화가 미래엔 좀더 높은 학업성취를 유도할 것으로 기대되는 것이 위안이 된다(이규식 외, 2004).

4) 농 아동의 문제

청력 손실을 가지고 자랐을 때 나타나는 결과는 다른 사람이 말하는 단어를 인지하는 데 어려움이 있다는 것이다. 때문에 이러한 제한은 자신의 단어와 다음의 언어기술을 발달시키는 능력에 직접적으로 영향을 미친다. 경도 청력 손실은 반대로 어휘발달과 언어 사용의 복잡한 문제에 영향을 미치며 이처럼 언어발달이 지체될 때 자아개념, 정서발달, 사회성을 포함하여 아동의 심리·사회 발달의 여러 측면에 직접적인 영향을 미친다(Stewart & Kluwin, 2001).

누구라도 태어나면서 완전한 자아개념을 갖고 태어나지는 않는다. 자아개념은 우리 주위에 있는 사람들로부터 입력, 피드백, 반응 등을 흡수하면서 학습하게 된다. 아동은 의문 없이 이러한 반응을 내재화하며 다른 사람들에게 자신을 분명하게 나타내기 위하여 다른 사람의 태도를 허용한다.

청력 손실을 가진 아동들은 자신의 의사소통과 관련된 부정적 반응과 보청기 사용자가 인지하기 어려운 것들에서 가장 쉽게 그리고 비교적 낮은 자아개념을 발달시킬 수 있다. 카펠리(Cappelli) 등(Cappelli et al., 1995)은 성별과 교실에 맞추어 6~12세까지 23명의 난청 아동과 23명의 건청 아동으로부터 정보를 모았다. 아동의 자아인지 프로파일을 통해 청각장애 아동들은 자신의 건청 동료보다 사회적으로 덜 받아들인다는 것을 발견하였다(이규식 외, 2004).

사람들은 자신의 감정의 추상적 특성을 설명하고, 해석하고, 궁극적으로는 이해하기 위하여 언어를 사용한다. 청력 손실을 갖고 자란 아동들은 부가적인 언어 결함 때문에 자기표현에서 제한된 경험을 갖게 되며(Stewart & Kluwin, 2001; 이준우, 2002; 이규식 외, 2004), 다른 사람의 감정을 이해하는 데도 어려움을 느끼게 된다.

제한된 의사소통은 결과적으로 독립적으로 사고하는 능력, 자기 지시와 자기 통제능력, 감정, 동기, 자기와 다른 사람의 필요를 이해하기, 융통성, 좌절을 견디는 능력, 다른 사람을 의식하고 받아들이는 능력, 다른 사람과 건강한 관계를 유지하기와 같은 기술을 포함하여 빈약한 사회 능력을 초래한다(이규식 외, 2004).

2. 농 아동 교육의 역사

1) 외국의 농 아동 교육의 역사

(1) 전사(前史)에서 근대 이전

고대사회에서 사람들의 최대 관심은 생존이었다. 생존을 위해 자연과 싸워야 했고, 동물들로부터 자신을 보호해야 했다. 이러한 상황에서 부족 공동체에 기여하지 못하는 심신장애를 지닌 자들은 유기되거나 방치되었다(이준우, 2002).

고대사회에서 중세사회로 넘어오면서 국왕과 승려들에 의해 일부 장애인에 대한 보호가 행해졌으나, 농인의 경우 재산권과 같은 법적 권리와 의무를 제한받았다. 또한 언어선천설 혹은 언어신수설에 따른 농인에 대한 교육 불가능론, 제국주의 정책과 관련된 국민 우성사상 및 심미주의는 국가의 이익에 도움을 주지 못하는 농인이나 농인의 이상한 발성 및 몸짓 등을 경멸의 대상으로 여겼다(Stewart & Kluwin, 2001).

그러나 이러한 중세의 부정적인 농인관은 근대에 접어들면서 사상적·종교적 변화 및 의학의 발달에 의해 교육의 가능성이 입증됨에 따라 바뀌었다. 또한 선구자들의 다양한 교육 시도와 함께 농 교육의 초석이 마련되었다(이규식 외, 2004).

(2) 농 교육 성립의 준비기

근대 초기 르네상스, 종교개혁, 인문주의 사상을 배경으로 농 교육에 대한 새로운 교육관이 생겨났으며, 근대 의학의 발전으로 농인에 대해 좀더 과학적인 이해가 가능해졌다(Stewart & Kluwin, 2001; 이준우, 2002; 이규식 외, 2004). 이러한 시대적 배경을 바탕으로 인류 역사상 최초의 농 교육은 16세기 후반에서 17세기 초, 스페인의 폰세 데 레온과 후안 마르틴 파블로 보네를 중심으로 시작되었다(김병하, 1985).

농인에게 개인 교수를 실시한 최초의 교사인 폰세는 귀족의 자녀이며 선천성 농인이었던 프란시스코를 가르쳐, 당시 선천성 농인에게는 금지되었던 재산의 법적 상속권을 찾고, 병역의 의무까지 수행할 수 있게 하였다. 그러나 안타깝게도 그의 교수법은 전승되지 못하고 그의 죽음과 함께 묻히고 말았다(김병하 외, 1994).

17세기 보네는 자신의 성주였던 벨라스코 가문의 자녀 중 병으로 청력을 잃은 루이를 맡아 교육하였는데, 개인적 교육 체험을 바탕으로 1620년에 《소리의 단순화와 농아인 언어 교수 방법》이라는 최초의 농 교육 관련서적을 집필하였다. 이후 보네의 농 교육은 독일 등 여러 나라로 전수되었다(김병하, 1985).

이와 같이 16세기에서 17세기 전반에는 스페인이 농 교육의 중심이었다. 이후 17세기에 들어 실학주의 교육사상이 경험주의 철학으로 발전하게 됨에 따라 농과 농 교육은 철학, 의학, 언어, 음성학적인 관심을 받게 되었으며, 청각장애에 대한 과학적 이해와 교육적 접근이 이루어지게 되었다. 이러한 것을 배경으로 근대 농 교육관의 발전과 실제 교육이 진척되어 나갔다(이준우, 2002).

대표적인 사람으로 불워(J. Bulwer, 1614~1684), 홀더(W. Holder, 1616~1698), 월리스(J. Wallis, 1616~1703), 달가르노(G. Dalgarno, 1626~1687), 반 헬몬트(F. M. van Helmont, 1614~1699), 암만(J. K. Amman, 1669~1724) 등이 있다(이규식 외, 2004).

비록 이 시대의 농 아동 교육이 일부 부유한 귀족 자녀를 대상으로

했으며, 대중적인 농 교육이 아닌 개인적 시도의 실험적인 농 교육이지만 분명한 사실은 이들의 노력은 농 교육의 가능성을 보여주었고, 후기 농 교육자들에게 직·간접적인 영향을 주어 공교육으로 발전할 수 있는 기초가 되었다는 것이다.

(3) 학교교육의 성립과 교육 방법 제기

18세기 계몽주의 사상의 영향으로 나타난 장자크 루소(Jean-Jacques Rousseau)의 자연주의 교육사상과 박애주의 교육사상은 장애아동을 위한 학교교육 성립에 중요한 계기가 되었다. 또한 정치적 절대주의 아래서 국력배양을 위한 교육의 필요성이 높아지면서 모든 아동을 대상으로 의무교육이 실시되었으며, 장애아동에 대한 교육도 함께 발달하였다(김병하, 1985).

이러한 시대적인 배경을 바탕으로 하여 18세기 후반 프랑스의 레페, 영국의 브레이드우드(T. Braidwood, 1715~1806), 독일의 하이니케 등에 의해 보호적 성격이 강한 학교교육이 시작되었다(김병하 외, 1994).

프랑스의 레페는 선교사로 활동하던 중 2명의 농인 소녀와의 우연한 만남으로 농 교육을 시작하게 되었으며 그의 농 교육은 귀족가문과 같은 부유층 농 아동이 아닌 가난한 가정의 농 아동을 대상으로 한 보호적·구빈적 성격을 띠었다. 이렇듯 종교적 자선 정신을 바탕으로 농 아동에 대한 교육을 시작해 1760년 파리에 세계 최초의 농 학교를 설립하였다.

그는 구화법보다는 '자연수화'의 기초 위에 모국어의 어법에 따른 수화법이 최선의 방법이라고 생각했다. 당시 농 교육자들 대부분이 부유층 자녀를 대상으로 일대일 교육을 하며 그 교육방법을 공개하는 것을 꺼려하였던 것과는 달리 그는 교육방법을 공개하여 시카르(Sicard, 1742~1822)를 비롯한 여러 제자들이 구미 각지에 농 학교를 설립하는 데 영향을 주었다(김병하 외, 1994).

독일의 하이니케는 레페와는 달리 구화주의 교육을 실시하였다. 한 농 아동의 개인교수로 출발한 하이니케는 국가지원을 받아 1778년 세계 최초의 공립 농 학교를 설립하였다.

그는 수화를 지팡이에 비유하여 보행이 불가능한 사람에게 지팡이는 오히려 보행에 장애가 된다고 주장하면서 수화법을 부정하였다. “음성언어를 습득하기 위한 유일한 방법은 말하게 하는 것”이라고 구화교육의 필요성을 주장하였다. 하이니케의 교육은 그의 가족과 제자들에 의해 계승되어 연방정부로 하여금 각지에 공립학교가 설립되는 데 큰 초석을 쌓은 것으로 평가된다(이규식 외, 2004).

수화법과 구화법은 레페와 하이니케의 출현을 기점으로 격렬한 논쟁을 벌이게 된다(이준우, 2002). 한편 영국에서는 브레이드우드가 1783년 영국 최초의 농 학교를 세웠으며, 구화법을 주로 사용하였다(김병하 외, 1994).

(4) 미국의 농 교육 성립과 발달

19세기에 접어들어 미국은 유럽의 농 교육 방법을 적극적으로 받아들여 독창적인 농 교육으로 발전시켰다. 유럽 농 교육이 미국에 전달되는 과정에서 농인 자녀를 둔 부모들의 역할이 컸다. 농 자녀의 부모를 중심으로 유럽에 직접 가서 농 교육 방법을 익히거나 전문교사를 파견해 교육방법을 익혀오게 했다(Stewart & Kluwin, 2001).

그린(Francis Green, 1742~1809)은 브레이드우드와 레페의 교육방법을 소개하였으며, 갈로데는 유럽의 농 교육을 시찰·연수하고 돌아와 미국에서 최초로 프랑스의 수화법을 원칙으로 하는 농 학교(Conneticut Asylum)를 설립하였다(이규식 외, 2004).

갈로데는 농 소녀 앨리스 콕스웰(Alice Cogswell)을 만나 농 교육에 관심을 갖게 되었다. 먼저 영국으로 가 브레이드우드의 독일식 구화법을 공부하고자 했으나 브레이드우드가 쉽게 그 방법을 공개하지 않고 여러 가지 까다로운 조건을 제시하자 실망하고 영국을 떠나 프랑스 파리로 갔다. 프랑스에서 시카르 신부를 만나 수화법을 연수하고 귀국해

1817년 하트포드(Hartford)에 농 학교를 설립하였다.

하트포드는 기숙제 학교로 무상교육을 실시하였다. 비록 수화법을 기본으로 하였지만 갈로데는 수화와 구화를 병용하는 결합법을 제안하면서 독화가 가능한 농 아동에게는 구화를 적용할 수 있다고 주장하였다. 이후 1818년 뉴욕 농인학교가 세워졌고, 1820년 펜실베이니아 농인학교, 1823년 켄터키 농인학교가 각각 세워지는 등 미국의 농 교육은 급속도로 발전하였다(김병하 외, 1994).

알렉산더 그레이엄 벨(Alexander Graham Bell, 1847~1922)은 1870년대에 매사추세츠 주의 클라이크 학교에서 '가시적인 구화'(*visible speech*) 방식을 가르치면서 청각장애 어린이들이 건청인 어린이와 같이 보여야 할 필요성을 강조했다. 전적으로 구화법만이 사용되었고, 지문자(손가락 철자)나 수화의 사용은 엄격히 금지되었다(Cornett, 1990; 이준우, 2004b).

1887년에 벨은 청각장애에 관한 정보를 배포하고 농 아동을 위한 구화교육 방법을 촉진시키기 위하여 볼타 위원회를 세웠다. 구화교육법에 대한 벨의 강조에 이어 그의 방법을 이용하는 학교들이 설립되었다(Conley, 1976; 이준우, 2004b).

(5) 언어 지도방법의 논쟁

18세기 후반 농 교육현장에서는 레페의 수화주의와 하이니케의 구화주의가 격렬한 논쟁을 거듭했다(이준우, 2002). 19세기 중엽까지 수화주의가 우위를 차지해 오다가, 1880년 밀라노 국제회의에서 농 아동들의 사회복귀, 완벽한 언어 지식을 주기 위해 "구화법은 수화법보다 우선"되어야 한다고 결의한 이후 구화주의가 우위를 차지하게 된다.

미국 또한 19세기 초반에는 수화주의가 강하였으나 밀라노 회의 이후에는 구화주의가 파급되기 시작하면서 20세기까지 논쟁이 계속되었다. 20세기 중반 알렉산더 그레이엄 벨의 전화발명과 보청기의 응용은 구화법의 발전을 더욱 촉진하였으나, 교육현장에서는 차츰 구화주의 교육에 대한 한계를 느끼며 회의가 일기 시작했다.

이후 1950년대 구소련을 중심으로 한 신구화주의(*neo-oralism*)와 1970년대 미국을 중심으로 한 총체적 의사소통 방법의 철학과 개념이 등장하였다. 특히 총체적 의사소통 방법은 의사소통 양식에서 특정 양식의 절대적 우의성보다 농인 개인에게 가장 적합하고 용이한 의사소통 양식을 선택하도록 한다는 점에서 농인에게는 자유롭고 융통성 있는 접근으로 평가받았다.

그러나 오래지 않아 총체적 의사소통 방법의 실천적 한계가 드러났으며, 최근에는 총체적 의사소통 방법의 발전적 대안으로 이중언어 문화접근(2Bi: Bilingual/Bicultural Approach)이 농 교육계에 확산되고 있다(이규식 외, 2004).

2) 우리나라의 농 아동 교육의 역사

우리나라의 특수교육 역사에서 처음 근대적 의미의 교육이 언급된 문서는 1881년 일본에 파견된 박정양 등 신사유람단의 〈귀국보고서〉라고 할 수 있다. 여기에서 일본의 근대적 교육기관을 소개하면서 '맹아원'(盲啞院)을 소개한다. 또 1985년 유길준이 일본과 구미 등을 돌아보고 작성한 〈서유견문〉에서 '아인원'(啞人院)을 소개하는데, 농인교육의 대상과 교육과정, 교육방법 등을 비교적 자세히 언급했다(김병하, 1985).

우리나라에서 직접 농 아동 교육을 시작한 사람은 미국인 선교사 로제타 셔우드 홀 여사로 1894년 평양에서 '오봉래'라는 맹소녀를 가르친 것이 인연이 되어, 1898년 맹교육을 시작으로 특수아동을 위한 교육을 시작하게 되었고, 이후 동료 선교사 록웰(Rockwell) 부인과 이익민을 중국 체후에 보내 농 교육방법을 배워 오도록 하여 1909년 우리나라에서 농 교육사업을 처음 시작하게 되었다(김병하 외, 1994).

1910년 일제강점기 조선총독부 산하에 제생원을 설치하여 고아의 양육과 맹아자의 교육에 관한 사무를 맡도록 하였다. 비록 구빈보호에 일차적 목적이 있었다 하더라도 제생원이 맹아부 교육의 기초가 되었다. 이후 1920년 '조선농아협회'가 발족되어 졸업생 가운데 우수한 자를 동경 유학 후 맹아부에서 교사로 재직하도록 하였다(이준우, 2002).

1935년에는 이창호 목사가 일제 치하라는 어려운 여건 속에서도 평양 광명 맹아학교를 설립하여 주체적으로 시각장애인 교육과 농인 교육을 실시하였다. 이 학교에서는 처음에는 수화법 위주로 지도하였으나, 후에는 구화법을 도입하기도 하였다(김병하, 1985). 이처럼 초창기 농인 교육은 기독교 전파가 가장 활발했던 평양을 중심으로 왕성하게 이루어졌다.

광복 직후 제생원 맹아부를 미 군정청이 관리하던 국립맹아학교로 개칭, 미국인 특수교육 고문관인 윌턴(Wilton)이 학급 및 교육내용 등을 변경해 일반 아동과 같은 6년제 초등 특수학교로 개편하였다(김병하, 1985).

1947년 2월 미 군정청 보건후생부 관할로 있던 특수학교를 문교부로 이관하였으며, 같은 해 9월 중등과를 신설해 우리나라 최초의 중등 특수교육기관이 되었다. 이 무렵 국립 맹아학교 초대 교장으로 취임한 윤백원은 한글 지문자를 만들어 우리나라 농 교육 발전에 크게 기여하였다. 후에 서울 맹아학교와 국립 맹아학교가 부산에서 피난 학교를 운영한 것이 계기가 되어 1955년 부산 맹아학교가 우리나라에서 두 번째로 공립특수학교로 개교하였다(이준우, 2002).

광복 이후에는 이영식 목사가 1946년 대구 맹아학원을 설립해 최초로 사립 농 교육을 시작하였다(김병하, 1985). 1956년 대구 맹아학교가 모체가 되어 이 분야의 지도자를 양성하기 위해 한국 사회사업대학(지금의 대구대학교 전신)을 설립하였으며, 이 대학은 1961년에 정규 4년제 대학과정으로 우리나라에서 최초로 특수교사 양성과정을 설치하였다(김병하, 2009).

1955년에는 천주교 유지재단에 의해 충주 성심 농아학원과 인천 성동원을 기반으로 한 인천농아학교, 1960년에는 군산농아학교, 전남 농아학교, 전북농아학교가 설립되었고, 1962년에는 한국 구화학교와 충남농아학교(대전 원명학교), 수원농아학교가 설립되었다. 1965년에는 부산 혜성 구화학교가 설립되었고, 1966년에는 부산 구화학교와 안동 농아학교가 설립되었다(이규식 외, 2004).

1970년 이후 설립된 청각장애 학교는 1975년에 천주교 유지재단에서 설립한 서울 애화학교이고, 공립인 춘천 계성학교와 전주 선화학교가 설립됐다. 1979년에는 목포 소림학교가 설립되었고, 1980년에는 울산 메아리 농 학교, 1983년에는 삼성 농아원에서 삼성 농 학교를 설립했고, 1985년에는 평택 에바다 농 학교, 함평 영화학교, 구미 금오학교가 설립되었다. 이외에도 1983년에는 경북 영광학교, 1988년에는 포항 명도학교가 각각 지적 장애아와 함께 청각장애아 교육을 위해 사립 특수학교로 설립되었다(김병하, 2009).

광복 후 1977년 특수교육 진흥법이 제정되기까지의 우리나라 농 교육은 민간 독지가들이 주도한 사립 농 학교가 그 주류를 형성하였으나, 특수교육 진흥법의 제정으로 우리나라의 특수교육은 공공정책의 일환으로 전환기를 맞이하여, 1980년대 공교육으로의 질적 변화 과정을 거쳤다.

1990년대 이후 쟁점으로 떠오른 통합교육과 급속한 인공와우 이식 수술의 파급으로 인한 농 교육 정체성 혼란은 2011년 현재에도 폭풍처럼 휘몰아치고 있는데, 이를 극복하는 일이 농 아동 교육의 가장 큰 과제 중 하나라 할 수 있다.

3. 농 아동 교육의 이해

1) 농 아동 교육과정

《한국 청각장애 교육 100년사》(2009)에 수록된 김병하의 '청각장애 학교 교육과정의 변천'을 중심으로 살펴보면 다음과 같다.

1967년에 청각장애 학교 교육과정이 제정(제1차 교육과정)된다. 일반학교와 청각장애 학교 간의 교과목 설정이나 교과시간 배당은 물론 교과지도 목표와 내용 등이 학교에 따라 편차가 커 농 교육의 전문성 반영에 어려움이 있었다. 이에 문교부는 청각장애 학교 교육과정을 국가 수준에서 처음 제정하기에 이르렀다.

교육과정의 구성방침은 첫째, 일반성과 특수성의 조화, 둘째, 전인성의 강조, 셋째, 자기실현의 강조, 넷째, 자주성과 유용성 그리고 생산성의 강조 등이다. 이 구성방침 중 첫 번째를 제외하고는 일반학교의 그것과 동일하다. 따라서 이러한 교육과정 구성방침의 큰 줄기는 바로 '일반성과 특수성의 조화'에 있음을 알 수 있다. 즉, 일반학교의 교육과정 구성원칙을 존중하되, 청각장애 학생이 갖는 의사소통의 특수성, 기초학력의 편차 등을 충분히 고려하여 구성할 수 있는 특수교육의 전문성을 동시에 강조하고 있다.

1979년에 청각장애 학교 교육과정이 개정(제2차 교육과정)되었다. 1970년대에 와서 문교부는 초·중학교 한자교육을 폐지하고 사회과목에서 국사교육을 강화하였으며, 중등학교의 실과교육을 필수로 하였다. 또한 반공·도덕 시간 수를 늘리고 특별활동에서 국민교육헌장 이념 실천을 반영하게 했다. 이런 취지에 따라 문교부는 1971년부터 연차적으로 각 학교 교육과정을 개정하던 중 1978년에 청각장애 학교 교육과정 개정작업에 착수해 이듬해 개정하게 되었다.

1983년에 청각장애 학교 교육과정이 다시 개정(제3차 교육과정)되었다. 이는 1981년 말에 공포된 일반학교 교육과정 개정의 연장선상에서 추진되었다. 청각장애 학교 교육과정 개정을 위한 기초연구로는 처음으로 현행 교육과정 문제점 분석, 운영실태 분석, 학생 및 사회요구 조사, 국제비교 등을 통해 개정안을 제시했다.

제3차 청각장애 학교 교육과정은 일반학교 교육과정 편성에 준하면서 장애극복을 위한 보상활동으로 '요육활동'이 별도로 신설된 것이 그 특징이라 할 수 있다. 또한 이때 처음으로 중학부와 고등부 요육활동의 언어표현활동에 수화가 포함되었다.

1989년 청각장애 학교 교육과정이 다시 개정(제4차 교육과정)되면서 유치부 교육과정을 처음으로 신설하였고, 청각장애학생들의 의사소통 기능 향상을 위해 이른바 총체적 의사소통 방법의 접근을 도입한 것이 주요 특징이라 할 수 있다.

이 교육과정에서는 특수교육의 질적 변화에 부응하여 조기 교육과정의 개발, 교과내용 선정의 적절성, 개별화 교육과정의 운영, 의사소통 기능의 개발 등에 주안점을 두고 개정작업이 이루어졌다. 특히 이러한 교육과정 기준은 청각장애 학교용 교과도서의 편찬, 교원연수, 교육과정 연구학교 선정 등 일련의 절차를 거쳐 1993년도부터 단계별로 시행되도록 했다.

1998년에 청각장애 학교 교육과정이 다시 개정(제5차 교육과정)된다. 이른바 '제7차 특수학교 교육과정'에 해당되는 것으로 21세기 정보화시대에 국가경쟁력을 강화하기 위해 내용적으로 어느 때보다도 폭넓은 개정작업이 이루어졌다. 현행 청각장애 학교 교육과정도 7차 특수학교 교육과정의 기조 위에 부분 개정을 거쳐 적용되고 있다.

제7차 교육과정은 문민정부의 교육개혁 구도에 따라 지식정보사회에 요구되는 인간상을 구현하기 위해 획일화된 교과서 중심의 교육과정 운영을 탈피하고, 공급자 중심에서 수요자 중심으로 교육과정을 개편하기 위해 추진되었다.

특히 이 교육과정에서는 자기 주도적 학습 현장의 자율성, 교과 내용의 최적화, 교육과정 질 관리를 위한 평가체제 등을 강조하고 있다.

이런 방침에 따라 신교육과정에서는 국민공통 기본교육과정과 수준별 교육과정, 고등학교 2~3학년의 선택중심 교육과정을 도입하였다.

2008년에 청각장애 학교 교육과정이 다시 개정(제6차 교육과정) 되었다. 이 교육과정은 제7차 특수교육 교육과정 골격을 그대로 유지하면서 2007년에 제정된 '장애인 등에 대한 특수교육법'에 의거하여 부분적으로 개정되었다. 이 교육과정은 장애인 등에 대한 특수교육법 규정에 의거한 특수교육 대상자가 취학하고 있는 유치원, 초·중등학교, 그리고 특수학교에서 편성하는 교육과정 기준이다.

이 교육과정에서는 다음의 특성을 강조한다. 즉, 국가 수준의 공통성과 지역, 학교, 개인 수준의 다양성을 동시에 반영하고, 학습자를 중심으로 하며, 학교교육을 교육과정 중심으로 개선하고, 교육의 질의 관리를 중시한다.

교육목표는 추구하는 인간상을 포괄적으로 제시하고, 이어 유치원 및 학교 급별 교육목표를 따로 제시하고 있으나(종래의 유치부, 초등부, 중학부, 고등부 등을 일반학교와 동일하게 유치원, 초등학교, 중학교, 고등학교 등으로 표기했다.) 그 내용은 일반학교의 그것과 동일하다. 편제와 시간배당은 유치원 교육과정, 국민공통 기본교육과정, 고등학교 선택중심 교육과정으로 구성하고, 활동구분은 교과, 재량활동, 특별활동으로 나누어 편성하고 있다.

이 교육과정에서는 특수교육법(2007)에 의거하여 치료교육활동이 삭제되었다. 전체적으로 편제와 시간배당은 일반학교의 그것에 준하고 있으며, 다만 고등학교 직업교과에서 '직업과 생활'이 새로 추가되었다. 이 교과과정 운영에서 종래와 달라진 것은 재량활동 시간을 활용하여 종래의 치료교육활동 대신에 청각장애 학생에게 필요한 '치료지원'을 할 수 있게 열어 놓았다.

또한 이 교육과정에서는 운영지침에서 순회교육, 통합교육, 영아교육, 전공과를 운영하는 학교를 위해 필요한 교육과정 편성·운영을 따로 제시하고 있다. 그리고 교육과정의 평가와 질의 관리를 위하여 국가 수준에서 주기적으로 학생 학력평가, 단위학교별 교육기관 평가, 교육과정 편성·운영에 관한 평가를 실시하도록 명시하고 있다.

2) 농 아동 지도방법

농 아동의 교육현장에서 그동안 사용해온 지도방법 중 중요한 몇 가지를 살펴보고자 한다(김병하 외, 1994; Stewart & Kluwin, 2001; 이준우, 2002).

(1) 구화주의(*Oralism*)

18세기 후반 독일의 하이니케에 의해 시작된 구화주의는 교실 안에서건 밖에서건 모든 의사소통은 구화와 말 읽기(입술 읽기)에 의하여 행해져야 한다는 철저한 교육적 신념을 바탕으로 했다. 따라서 지문자(손가락 철자)와 수화를 이용하는 것은 전면 금지되었는데 자연 발생 언어의 습득 및 개발과 더불어 어린이가 성장하는 것을 지체시키거나 저해한다고 보았기 때문이다. 반면 구화주의를 통해 모든 청각장애 어린이가 좋은 구화 기능을 습득할 수 있다(Feldman, 1991)고 보았다.

(2) 수화주의(*Manualism*)

농인들은 수화를 통해서, 아니면 최소한 언어를 손동작으로 표현하는 것을 통해서 가장 잘 교육받을 수 있다는 생각이 수화주의의 기본 아이디어이다. 수화주의는 말하기를 거부하거나 발음 훈련을 반대하지는 않는다. 이것은 중요한 사실인데 수화주의자들은 입술 읽기(독화)와 말하기 교육을 반대하지 않는다는 것을 이해할 필요가 있다. 수화주의자들은 단지 입술 읽기와 말하기 방법의 성공 가능성에 큰 기대를 걸지 않을 뿐이다(Reagan, 1990).

(3) 결합법

갈로데 대학교에서 '교수 학습을' 위한 커뮤니케이션 방법은 구화 및 독화와 함께 수화와 지화를 포함한다(Evans, 1981)고 하면서 개발된 방법이다. 특기할 사항은 결합법이 갈로데 대학교에서 시작되었으나 현재 갈로데 대학교는 '이중문화 및 이중언어 방법론'을 채택하고 있다는 것이다.

(4) 로체스터 방법(*Rochester Method*)

로체스터 방법은 뉴욕 로체스터 농 학교에서 시작되었다. 처음 제노스 웨스트벨트(Zenos Westervelt, 1916~1987)는 단지 구화와 영어의 정확한 문법적 어순에 따른 지문자의 사용을 제안했는데 그 후 몇 차례 다듬어져 오늘날 로체스터 방법으로 알려지게 되었다(Evans, 1981).

로체스터 방법은 지문자(손 알파벳) 사용을 강조하면서도 구화방식에 역점을 둔다. 낱말, 어구들 그리고 문장들이 구화의 낱말들처럼 신속하고 쉽게 철자화된다. 이 방식은 수화사용을 배제한다(이준우, 2003a).

〈그림 5-1〉 갈로데 대학교 전경

〈그림 5-2〉 로체스터 농 학교 전경

(5) 큐우드 스피치(*Cued Speech*)

큐우드 스피치는 오린 코넷(Orin Cornett, 1913~2002)에 의해 개발된 신호로, 입술 모양과 결합하여 12개의 손 모양을 사용한다. 큐우드 스피치는 구화법에서 당연히 발생하는 문제점들을 완화시키기 위하여 개발되었다.

큐우드(조정신호)들을 입술, 목 그리고 어깨 가까이 손을 갖다 대어 줌으로써 표현한다. 입술에 나타날 수 없는 소리들을 인식함으로써 말 읽기(*Speech Reading*) 기능을 증진시키고, 적절한 '음' 요소를 인식하여 결합하고 만들어 냄으로써 표현력을 강화하기 위하여 사용되었다(Fleetwood & Metzger, 1998; 이준우, 2004b).

(6) 총체적 의사소통 방법(*Total Communication*)

미국을 중심으로 유럽의 농 교육계에 빠르게 파급되기 시작한 총체적 의사소통은 구화법과 수화법을 종합하여 하나의 포괄적인 의사소통의 절차가 되게 한 것이다. 의사소통의 모든 수단들 즉 수화, 말, 독화, 필담, 구성된 몸짓, 증폭과 팬터마임 등 그야말로 아이건 어른이건 농인이 틀림없이 이해하고 의사전달을 할 수 있는 것이라면 어떤 수단이나 방법이든지 사용하는 것을 의미한다(이준우, 2003a).

교실에서의 총체적 의사소통 방법은 어린이가 의사소통 기술을 발전시킬 수 있도록 도와주며 물론 교육적으로도 발달할 수 있도록 도와준다. 잔존청력을 이용하는 방법을 배워서 말과 독화 기술 및 수화를 발달시킬 뿐만 아니라, 교실에서의 수업은 다중 의사소통 방식에 의해 표현된다. 이 방식은 학생들에게 이해를 위한 여러 기회를 제공해준다(이준우, 2002). 이러한 총체적 의사소통은 그 사람에게 가장 적합한 의사소통 방식을 이용하는 것으로 농인을 위한 자유롭고도 융통성 있는 접근임을 의미한다.

(7) 이중문화 및 이중언어 방법론(*Bilingual and Bicultural Approach*)

총체적 의사소통 방법에 대한 발전적 대안으로 최근에는 이중문화 및 이중언어(2Bi) 접근이 확산되어 가고 있다. 2Bi 접근은 언어를 보는 관점의 변화에서 출발한다. 언어는 문화와 불가분의 관계에 있으며, 언어의 중심은 형식이 아니라 의미라고 본다.

농 아동 교육의 본질은 농 아동의 의사소통 방식을 사회와 문화로 이어가는 영속성을 추구하여 교육의 효과를 올리자는 것이다. 기존의 농 교육이 건청인의 교육, 사회, 문화를 중심으로 구성되었다고 본다면 이중문화 및 이중언어 접근은 농 아동 중심의 교육, 사회, 문화를 인정하는 교육의 본질에 초점을 둔 것이다(Fischer, 1998; 이준우, 2004b).

농 교육에 문화적 접근법이 새로운 교육방법으로 등장하여 서서히 정착해 갈 수 있었던 것(물론 미국의 경우로 한국은 아직 이 접근을 수용하지 못하고 있다)은 농인들이 음성언어에 기초하지 않는 수화라는 언어로 인해 그들의 문화를 시각언어로 계승하기 때문이다(이준우, 2003a).

이중언어 접근법은 수화 일변도냐, 구화 일변도냐, 또는 총체적 의사소통이냐 하는 건청인 주관의 기능적 분석이 아니라 농 아동의 욕구 분석에 따른 교수법이라는 점에서 기존의 방법론과는 큰 차이가 있다(Ewodt, 1996; 이준우, 2004b).

4. 농 아동교육의 문제점

여기에서는 청각장애 학교 교과교육의 문제점과 통합교육에 대한 문제점을 살펴봄으로써 농 아동교육의 발전을 도모하고자 한다.

1) 청각장애 학교 교과교육의 문제점

농 아동이 정상적인 지적능력을 가지고 있음에도 학업성취에서는 그

능력이 제대로 반영되지 못하는 교육환경도 문제지만, 청각장애 학교에서 농 아동의 수준과 맞지 않는 일반학교 교과서를 그대로 사용하고 있다는 점도 문제이다.

교육의 효율성을 높이기 위해서는 농 아동에게 맞는 교과서 편찬이 이루어져야 할 것이다(김병하 외, 1994; Stewart & Kluwin, 2001). 또한 농 아동의 학업성취도에 대한 평가가 제대로 이루어지지 못하고 있어 교육 수준을 맞추기 어렵다는 것이다. 농 아동에게 맞는 평가도구 개발이 이루어져야 할 것이다(Stewart & Kluwin, 2001).

농 아동을 교육하기 위해서는 다른 장애에 비해 전문성이 요구됨에도 불구하고, 우리나라 특수교사 양성기준에서 보면, 농 교육교사는 비범주적(*non-categorical*) 특수교사일 뿐이지 특별히 심화과정으로 농 교육을 전공한 교사도 아니고, 그가 가르치는 교과는 부차적으로 위탁 교육 형식으로 이수한 정도에 불과하다(김병하, 2009).

농 교육을 농 교육답게 하기 위해서는 교과교육을 통해 그 교육과정을 살아 움직이게 해야 한다. 이런 측면에서 볼 때 현행 특수교사 양성과정에서 교과교육의 편성과 운영은 과감한 전환이 요구된다. 뿐만 아니라 현직 연수과정에서도 교과교육의 혁신은 중점과제로 설정되어야 한다(김병하, 2009).

2) 통합교육

통합교육은 비교적 최근 정상화의 원리 및 완전통합 등의 움직임 속에서 가속화되었다. 그러나 통합교육이 준비되지 않은 상태에서 이루어진 성급한 통합의 피해는 고스란히 농 아동에게 주어진다. 그 예로 최근 통합교육을 위해 일반학교로 간 농 아동이 중·고등단계에서 다시 특수학교로 되돌아오는 사례가 늘고 있는 것을 들 수 있다.

통합교육과 관련한 한국 농 교육의 과제는 다음과 같다.

첫째, 학력 경쟁 중심의 교육 수월성 추구와 불리한 처지의 소수 학습자를 우선해서 지원하는 교육복지화가 동전의 양면처럼 공존해야 한다.

둘째, 교육배치에서 가능하면 통합 쪽으로 가야 하지만, 중요한 것은 농 아동 당사자 입장에서 가장 적절한 교육이 보장되도록 해야 한다. 여기서 '적절한 교육'은 학습권이나 인권의 문제이기도 하다. 문제는 통합이냐 분리냐의 선택이 중요한 것이 아니라 당사자에게 가장 적절한 양질의 교육을 받게 하는 것이 우선되어야 한다.

셋째, 통합교육이 현실적으로 어렵다는 비관적인 한계 때문에 그것을 포기하고 분리 교육을 정당화하는 구실로 삼아서는 안 된다(김병하, 2009).

이상과 같이 농 아동교육의 문제점을 '청각장애 학교 교과교육'과 '통합교육' 두 가지 측면으로 살펴보았다. 끝으로 수화통역사의 입장에서 이러한 농 아동교육의 문제점을 해결할 수 있는 가장 중요한 방안을 제시한다면 그것은 바로 교사들이 수화를 반드시 배워야 한다는 것이다.

수화를 유창하게 구사할 수 있으면서도 농 아동의 교육을 위해 '구화'에 집중하는 교사와 수화를 전혀 모르면서 구화교육에만 집중하는 교사는 분명히 다르다고 할 수 있다. 농 아동의 교육받을 권리와 의사소통의 욕구 등을 고려할 때도 농 아동을 대상으로 농 교육에 임하는 특수교사가 수화를 익혀야 하는 것은 참으로 당연한 의무이다.

이는 농 아동교육영역에서만 아니라 평생교육적 차원에서 전 생애적으로 모든 농인교육에도 그대로 적용되어야 한다고 본다. 농인교육에서 '수화'가 얼마나 중요한지를 저자의 경험담을 통해 강조하면서 이번 장을 마무리하고자 한다.

오래전에 사역하던 교회에서 있었던 일이다. 한 20년도 더 되었는데 당시 정말 열심히 농인 사역을 하고 있었다. 어느 주일날 수화로 열심히 설교하고 있는데, 처음 보는 농인 부부가 '농아부' 예배실로 들어와서는 자리에 앉았다. 그리고는 두 사람 모두 얼마나 수화를 열심히 보는지 설교하는 내내 절로 신바람이 났다. 부부인 두 사람은 고개를 끄덕끄덕하고 밝게 미소까지 지으며 나를 바라보았다.

예배를 마치자마자 두 분에게 다가가 수화로 "안녕하세요? 반갑습니다"라고 인사했다. 그런데 좀 이상한 생각이 들었다. 그래서 "수화 아시나요?"라고 질문했다. 두 분 모두 밝게 웃으시며 고개를 끄덕였다. "수화 모르세요?"해도 똑같았다. 알고 보니 수화도 모르시고, 글도 모르시며, 듣지 못하시고, 말씀도 못하시는 문맹 농인들이었다.

두 분과 글을 모르는 또 다른 세 분 이렇게 다섯 분과 함께 한글교육을 시작했다. "기역 니은 디귿" 하며 한 7개월을 공부했는데, 겨우 '아버지, 어머니'를 가르쳤다. 특히 어머니에 대해 말할 때는 아기 젖병과 기저귀 등을 보여주며 이 세상에 태어나면 가장 먼저 배우는 말이 '엄마', '어머니'라고 가르쳐 주었다.

그랬는데, 웬일인지 농인 남편이 막 서럽게 울기 시작했다. 하도 우니까 옆에 있던 아내도 울었다. 가만히 있던 나머지 세 사람도 울었다. 보고 있던 나도 자꾸 눈물이 나서 울었다. 한참 울다보니 왜 우는지 궁금해졌다. 그래서 물었다. 왜들 우냐고. 처음 울기 시작했던 농인 남편이 이렇게 말했다.

지금까지 나를 낳아준 남자, 여자하고 같이 살고 있었는데, 그 남자와 여자를 아버지, 어머니로 부른다는 것을 이제 처음 알았다고, 그런데 2년 전에 아버지와 어머니가 교통사고로 다 돌아가셔서 이제 아버지, 어머니라고 부를 수 없어서 속상하다는 것이었다. 그 말을 수화로 접하면서 더 울컥해서 울었던 기억이 난다.

새삼 교육의 중요성과 필요성을 절감하게 했던 사건이다. 이제는 특수교육 대상자의 의무교육이 확대되어 만 4세부터 고등학교 교육까지 적용되고 있지만, 여전히 우리 주위에는 청각장애를 지닌 문맹 노인들이 많이 있다.

제 6 장

농인의 재활은 어떻게 하는가?

농인의 장애는 결국 듣지 못하여 생기는 의사소통의 장애이며 이로 인해 발생하는 학업성취 및 사회적·정서적 적응의 문제라고 할 수 있다. 따라서 농인 재활의 궁극적인 목표는 농인들이 가진 장애로 인한 어려움을 최소화하여 사회에 원활하게 적응할 수 있도록 돕는 데 있다. 이러한 농인의 재활은 크게 좁은 의미와 넓은 의미로 나누어 볼 수 있다(이준우, 2002).

먼저 좁은 의미의 재활은 의사소통 장애를 극복하기 위해 남아있는 청각기능을 최대한 활용할 수 있도록 하는 청능훈련과, 입술 모양이나 얼굴 표정, 제스처 등 기타 상황단서를 통해 말의 의미를 파악하는 독화(말 읽기) 그리고 청력손실 시기나 정도에 따라 달라지기는 하나 청력손실로 인해 생기는 발성·발어(말하기)의 문제를 돕는 것이라고 볼 수 있다.

또한 넓은 의미의 재활은 이와 같은 잔존능력을 최대한 활용할 수 있는 훈련들과 더불어 농인의 다른 감각들을 최대한 활용할 수 있도록 훈련하는 것이라고 할 수 있다. 예를 들어 시각장애인의 경우 보이지 않는 시각 대신에 청각과 촉각 등에 뛰어난 능력을 보인다. 마찬가지로 농인도 들리지 않는 청각 대신에 뛰어난 시각과 건강한 신체가 있다. 이 뛰어난 능력을 활용해 재활할 수 있도록 개입하는 것이다.

이는 자녀가 수학은 못하고 영어는 잘하는데 못하는 수학만을 잘하라고 야단칠 것이 아니라 잘하는 영어를 칭찬하고, 영어능력을 길러주는 것이다. 현대사회는 뛰어난 능력 하나만 가지고 있어도 충분히 사회에서 당당히 목소리를 낼 수 있는 시대이다. 따라서 농인의 재활에 대한 폭 넓은 접근이 이루어져야 할 것이다.

1. 청능훈련

청능훈련은 농 아동의 잔존청력을 최대한 활용할 수 있도록 하기 위해 듣기 환경을 구조화하고 적절한 청각자극을 제공하기도 한다. 요즈음 늘어나는 인공와우 수술로 인해 청능훈련 요구가 더욱 증대하고 있다(김병하 외, 1994).

1) 청능훈련의 개념

청능훈련에 대한 정의는 여러 가지가 있다. 골드스타인(Goldstein, 1939)은 청능훈련을 말소리와 음향적 신호의 여러 속성인 크기, 높이, 리듬, 억양 등을 변별하는 능력의 발달 또는 향상이라 하였다. 골드스타인의 접근은 말소리 지각력을 촉진하는 데 중점을 두고 있으며, 훈련 기간 동안 다양한 음성, 비음성 자극 사용을 강조하고 있다.

카하트(Carhart, 1960)는 청능훈련을 농 아동이나 성인이 말을 지각할 때 청각 단서를 충분히 이용하도록 가르치는 과정으로 보았다. 그러므로 청능훈련에서는 소리의 인식, 비음성 자극의 대변별, 말소리의 대변별 및 미세한 변별에 중점을 두어야 한다고 하였다(Stewart & Kluwin, 2001).

최근에 엘버(Erber, 1982)는 청능훈련이 농 아동이 청지각 능력을 가능한 한 많이 획득하도록 특별한 의사소통 상황을 설정하는 지원활동이라고 정의하였다. 이 정의에서는 농 아동이 의사소통할 때 청각기관의 손상정도와 관계없이 청각을 가능한 충분히 활용하도록 돕는 과정을 중요시하였다(김영욱, 2007).

농 아동의 청능훈련은 손실된 청각의 남은 능력을 최대한 활용해 소리를 수용하는 능력을 향상시켜 의사소통을 원활하게 할 수 있도록 하는 것이다. 이를 통해 학업성취와 사회적·정서적 적응을 돕는 것이라고 할 수 있다.

2) 청능훈련의 내용

제7차 특수학교 교육과정에서는 청능훈련으로 습득해야 할 기능을 음의 지각기능, 음의 변별기능, 말의 지각기능, 말의 변별기능 네 가지로 제시하였다(김병하, 2009).

음의 지각기능은 장애 학생에게 말을 포함한 다양한 음이 있다는 것을 알게 하는 것이다. 이 단계에서는 소리의 기능을 알게 하고, 듣는 태도를 기르게 한다. 음의 변별기능은 음을 지각하게 되면, 다음으로 먼저 소리를 대별할 수 있고, 소리와 소리를 내는 사물을 짝짓고, 점차 말소리에 대한 변별기능을 가질 수 있도록 하는 것이다.

말의 지각기능은 어음(語音)을 듣고 어음임을 지각할 수 있는 기능을 가지도록 하는 것이다. 말의 변별기능은 어음을 듣고 변별하여 그 어음이 가지고 있는 의미를 정확히 이해하도록 하는 것을 말한다.

앞에서 언급했지만, 제8차 특수학교 교육과정에서는 치료교육활동이 삭제되었고, 전체적으로 편제와 시간배당을 일반학교에 준하고 있으나, 재량활동 시간을 활용해 치료를 지원할 수 있도록 하고 있다(김병하, 2009).

3) 청능훈련의 방법

청능훈련의 방법도 이러한 네 가지 기능을 강화시키는 측면에서 활용된다(김병하 외, 1994; Stewart & Kluwin, 2001).

음의 지각기능은 악기소리, 동물소리, 환경음의 저주파수, 중주파수, 고주파수 소리의 유무를 지각하는 것으로 이 소리를 듣고 적절하게 반응하도록 한다. 음의 변별기능은 악기소리, 동물소리, 환경음의 저주파수, 중주파수, 고주파수 소리를 듣고 변별하도록 한다.

말의 지각기능은 지속, 강약, 고저가 다른 다양한 자극을 듣고 적절하게 반응하도록 하는 것과 다양한 자음과 모음(독립 모음, 독립 자음, 자음과 모음, 모음과 자음, 자음과 모음과 자음)이 결합된 음절을 듣고 적절하게 반응하도록 한다. 또한 단어(1음절, 2음절, 3음절)를 듣고 적절하게 반응하도록 한다.

말의 변별기능은 지속, 강약, 고저가 다른 다양한 자극을 듣고 그 차이를 변별하게 하고, 모음과 자음(독립 모음, 독립 자음, 자음과 모음, 모음과 자음, 자음과 모음과 자음)으로 결합된 음절을 듣고 변별하게 하고, 단어(1음절, 2음절, 3음절)를 듣고 변별하도록 한다. 또한 문장의 변별을 위해 예/아니오 대답문장 변별, 지시사항 따라 문장 변별, 청각적 순서 문장 변별, 청각적 추론 문장을 변별하도록 한다.

2. 말 읽기(독화) 지도

흔히 입술을 읽는 뜻의 독순(*lip-reading*)으로 알려진 독화(*speech-reading*)는 말을 시각적인 정보를 이용해 이해하는 기술인데, 입술 모양만이 아니라 화용적 맥락과 얼굴 표정, 제스처, 상황 등의 비음성단서도 활용하게 되므로 독화라는 표현으로 사용되고 있다. 또한 독화라는 말은 순수한 우리말인 말 읽기로 표현되기도 하는데, 여기에서는 말 읽기로 사용하고자 한다(김병하 외, 1994; Stewart & Kluwin, 2001; 이규식 외, 2004; 김병하, 2009).

1) 말 읽기 지도의 개념

말 읽기 지도는 청력손실로 인해 다른 사람의 말을 제대로 수용할 수 없는 농 아동에게 시각정보를 이용해 말을 이해할 수 있도록 지도하는 것이다.

재퍼스와 발리(Jeffers & Barley)는 말 읽기를 "입으로 표현된 상징을 보고, 지각하고, 해석하는 총체적인 과정이다"라고 정의한다. 이 정의는 읽기의 과정을 분석하여 내린 '읽기의 정의'를 말 읽기에 적용하여 내린 정의다. 즉, 읽기(*reading*)는 문자로 표시된 상징을 보고, 지각하고, 해석하는 총체적 과정이다(이규식 외, 2004 재인용).

이 정의를 분석하면 말 읽기 과정에는 첫째, 시각을 통해 운동 형태를 수용하는 단계, 둘째, 운동 형태를 지각하는 단계, 셋째, 개념화 또는 해석하는 단계가 포함된다. 그리고 이상의 3단계를 통해 개념을 구성할 수 없을 경우 네 번째로 사고를 통해 보충하는 단계가 추가로 요구된다.

2) 말 읽기 기능의 구성요소

말 읽기 기능을 구성하는 요소는 시각능력과 종합능력, 유연성의 1차적 요소와 훈련, 언어 이해력, 정서적 태도와 같은 2차적 요소로 나눌 수 있다. 이 요소들의 능력의 차이에 따라 말 읽기 능력에 차이가 나타난다고 할 수 있다. 따라서 각 요소에 대한 개인의 능력을 확인해 알맞은 지도를 한다면 말 읽기 능력의 향상이 가능할 것이다.

우선 말 읽기 능력에서 핵심적인 역할을 하고 있는 1차 요소에 대해 살펴보면 다음과 같다.

시각능력(*visual proficiency*)은 또 다시 시 지각, 지각의 속도, 주변 지각이라는 하위요소로 나뉜다. 말 읽기를 잘하는 사람은 시각능력이 더 우수하다. 다시 말해서 시 지각 능력이 보통사람보다 더 나으며, 시력이 좋거나 안경을 통하여 정상시력으로 교정될 수 있다.

멀고 가까운 것을 잘 보는 시력보다 더 중요한 것은 예리하고 신속하게 초점을 집중시키는 능력이다. 말 읽기를 하려면 작고 섬세한 것을 보되 신속하게 보아야 한다. 만약, 한 번에 보지 못하고 놓치면 기회를 잃게 된다. 그리고 초점을 맞추는 행동을 비교적 오랫동안 지속할 수 있어야 한다. 또한 말 읽기에 능숙해지기 위해서는 우수한 기억력이 있어야 하고, 세부사항에 주의를 기울여야 한다.

종합능력은 부분들을 의미 있게 연결하여 전체를 구성하는 능력을 말한다. 우리가 시각을 통해 받아들인 정보들을 한 번에 모두 이해할 수 있는 것은 아니다. 경우에 따라 많은 부분을 놓치고 추측해야 하는 상황을 접하게 되는데 이러한 부분을 가지고 있는 정보와 추측을 통해 보충하여 전체적으로 파악하여야 한다.

유연성(*flexibility*)은 '고기'와 '오이'를 말할 때 입모양이 비슷해 처음 본인이 생각한 단어로 해석했을 때 의미가 통하지 않으면 바로 수정하는 능력을 말한다.

말 읽기 기능의 보조적인 역할을 하고 있는 2차 요소에 대해 살펴보면 다음과 같다. 우선 훈련으로 말 읽기 능력을 최대한으로 신장시키기 위해서는 훈련이 매우 중요하다. 누구나 훈련을 통하여 어느 정도의 시각능력을 향상시킬 수 있다. 학생들은 지금까지 몰랐던 입 운동과 의미를 결합시키는 학습을 하게 되고, 지각의 속도를 증진시키며, 시각기억력을 향상시킨다.

종합능력과 유연성도 역시 훈련에 의해 길러질 수 있다. 훈련을 통해 학생들이 단어와 어구를 더 쉽게 인식할 수 있게 되고, 여러 가지 연상이 더 신속하게 일어날 수 있다. 보통 1~3년간 훈련을 받으면 말 읽기 능력이 최고도에 달할 정도로 숙달되지만 그 능력을 유지하기 위해서는 말 읽기를 계속해야 한다.

다음은 언어 이해력으로 언어를 이해하려면 문법이나 문장에 대한 지식, 어휘에 관한 지식, 회화체와 관용표현에 관한 지식이 습득되어 있어야 한다. 최근에 언어학자들은 언어를 이해하는 데 문장론에 대한 지식이 중요하다고 함으로써 말 읽기 지도에 새로운 통찰을 갖게 되었다.

이러한 폭넓은 지식은 부분적으로 관찰하지 못하고 놓친 부분의 단어나 동사 및 시제에 대한 올바른 판단을 돕거나, 다음에 올 단어를 예측할 수 있도록 도와주는 등 상대방의 말을 이해하는 데 중요한 역할을 한다.

마지막은 정서적 태도인데 학습자는 말 읽기에 대한 실패의 두려움이 없어야 한다. 어느 누구도 완벽을 요구하지는 않는다. 자신의 실수에 당황하거나 좌절하지 말고 꾸준히 노력하는 자세가 필요하다.

3) 말 읽기의 한계성

청각손실을 보충하기 위하여 말 읽기를 사용하나 이를 통해 듣는 것을 100% 대신할 수는 없다. 분명 말은 청각을 통해 듣고 이해하도록 구성된 것이지 보고 이해하도록 구성된 것은 아니기에 말 읽기는 다음과 같은 한계를 가질 수밖에 없다(이규식 외, 2004).

첫째, 말소리의 가시도가 낮다. 말소리는 공기의 흐름을 조절하거나 변화시킴으로써 만들어진다. 이러한 변화는 주로 혀의 위치와 혀의 하향운동에 의한 구강의 크기 변화를 통해 나타나게 된다.

둘째, 입 모양이 동일한 말이 많다. /밤, 밥, 맘/, /보리, 모기, 포기/, /엄지, 검지, 염치/ 등은 소리와 철자가 다르지만 입 모양은 비슷하게 보이므로 말 읽기만으로 의미를 파악하기가 쉽지 않다.

셋째, 정상적인 말은 속도가 빠르다. 니치(Nitchie, 1917)에 의하면 말을 할 때는 1초당 평균 13개의 말소리를 표현하는 데 비해 사람의 눈은 의식적으로 1초당 평균 8~10개의 말소리밖에 지각하지 못한다고 하였다. 말 읽기는 의식적인 과정이 아니다. 그런데 의식적으로 볼 수 있는 것을 최대한 받아들인다고 하더라도 말 읽기는 일반적으로 자기에게 필요한 정보를 빠짐없이 눈으로 받아들일 수 없다.

넷째, 전이 효과가 많이 작용한다. 음성이 만들어지는 방법과 입 모양이 같더라도 앞뒤에 있는 음성에 따라 입 모양이 변한다.

다섯째, 조음운동에는 개인차가 있어 동일한 사람이 동일한 말을 하더라도 차이가 있을 수 있다.

여섯째, 환경에서 오는 제약이 많다. 말 읽기를 통해 제한적으로 얻을 수 있는 정보마저도 환경적인 제약을 받는다. 대화를 할 때는 화자의 얼굴이나 입을 계속적으로 주시할 수가 없다. 말 읽기를 하는 사람이 등을 돌리거나 한눈을 팔거나 다른 생각을 하면 정보의 일부를 놓치게 된다. 또한 조명 상태가 좋지 않거나 화자가 얼굴을 다른 쪽으로 돌려 입이 보이지 않거나 물체에 가려지는 경우에도 마찬가지 현상이 나타난다.

4) 말 읽기의 지도방법

말 읽기의 지도방법에는 전통적으로 분석적인 방법과 종합적인 방법, 절충적인 방법이 있다.

분석적인 방법은 낱소리나 낱말 하나하나를 지각하는 데 초점을 둔 지도방법이다. 따라서 낱소리 또는 낱말을 발음할 때 나타나는 시각적 요소 및 입 운동의 특징에 유의하여 시각요소와 소리, 입 운동과 소리를 연결시키는 훈련이다. 즉, 시각요소와 말소리의 연합, 입 운동과 말소리의 연합이 신속하고 정확하게 일어날 수 있도록 지도한다. 이와 같은 분석적인 방법은 말 읽기 기능의 하위요소 가운데 시각능력의 신장에 초점을 맞춘 접근법이다.

종합적인 방법은 낱소리나 낱말의 지각보다 전체적인 의미의 이해에 초점을 둔 지도방법이다. 따라서 화자의 말을 문장 또는 문단 단위로 지각하고 이해하도록 훈련을 시킨다. 이때, 시 지각에서 누락된 요소는 정신적으로 보충하는 훈련이 필요하다. 이를 위해서는 인지적인 유연성이 요구된다. 종합적인 방법은 말 읽기 기능의 하위요소 가운데 종합능력의 신장에 초점을 맞춘 접근법이다.

절충적인 방법이란, 이 두 가지를 절충하여 지도하는 방법이다. 따라서 이 방법은 말 읽기 기능의 1차 요소인 시각능력과 종합능력을 동시에 신장시키기 위한 접근법이다.

효율적인 말 읽기 지도를 위해서는 앞에서 살펴본 구성요소들 각각의 능력을 살펴, 훈련이 필요한 부분에 대해 확인을 한 후 지도할 수 있도록 해야 한다. 또한 말 읽기는 교과시간에만 필요한 것이 아니라 일상생활 속에서 원활한 의사소통을 하기 위해 필요한 부분으로 말 읽기 지도의 경우, 교과시간 및 재량시간뿐만 아니라 일상생활 속에서도 꾸준히 훈련할 수 있도록 해야 한다. 따라서 교사나 치료사 외에도 부모나 가족들 또한 말 읽기를 할 수 있도록 도와주어야 할 것이다.

3. 말하기(발성 · 발어) 지도

농인을 보통 말만 못하는 사람으로 인식하는 경우가 많다. 듣지 못하기 때문에 말을 하지 못하는 것이라고 설명해주어야 겨우 이해를 한다.

한번은 공무원을 대상으로 수화교육을 하게 된 적이 있다. 사전에 미리 농인에게 교육 시 공무원들에게 어떤 부분을 알려주면 좋겠냐고 묻자 주민센터에 들어갔을 때 큰소리로 말하지 말라고 전해달라는 것이었다. 어차피 농인들은 듣지 못하는데, 농인들이 구화를 좀 하면 들을 수 있는 줄 알고 큰 소리로 소리치듯 말해 주민센터 안에 있는 모든 사람들이 쳐다봐 그 눈길이 싫다는 것이었다.

이와 같은 오해를 불러일으키는 농인들의 구화능력은 모두 그런 것은 아니지만 농인들의 청력손실 시기나 정도에 많은 영향을 받게 된다.

1) 농 아동의 말하기 특징

의사소통이란 정보의 교환이다. 인간의 의사소통은 언어를 사용하기 때문에 원활하게 이루어진다. 그러나 농 아동은 청각 정보의 수용과 구어 표현을 발달시킬 기회가 부족하기 때문에 연속적인 대화를 유연하게 진행시키는 데 필요한 청자 및 화자로서의 의사소통 기술이 부족한 경우가 많다(이규식 외, 2004).

말하기에서 농 아동이 갖는 몇 가지 특성이 있다. 우선 기본적으로 자발성이나 적극성이 없이 상황을 회피하려 한다는 것이다. 많은 농 아동의 경우 목소리를 낼 수 있음에도 불구하고, 본인들이 내는 소리가 정확하지 않다는 것을 알기에 창피해하며 말해야 하는 상황을 피하려 하거나, 소리를 내지 않는다.

간혹 소리를 낸다 하더라도 '예/아니오' 같은 짧은 단어를 말하거나 간단한 의사소통만을 하는 경향이 있다. 그러나 본인들이 꼭 전해야 할 상황이 발생해 의사소통해야 할 동기나 욕구가 생기면 적극적으로 대화하려고 노력하는 모습을 종종 보게 된다. 혹은 내용을 잘 이해하지 못한 상태에서 '알아요', '몰라요'와 같은 단어를 습관적으로 사용해 빨리 상황에서 벗어나려 하기도 한다. 또한 청각적 피드백이 안 되기 때문에 본인의 음성이 지나치게 높은지 낮은지, 입속에서 웅얼거리는 소리인지 잠긴 목소리인지, 음성이 지나치게 큰지에 대한 조절이 어렵다. 조음의 경우 특히 청각에 의존하는 부분이 크기 때문에 말 읽기와 같은 대안적인 방법으로도 큰 한계를 드러내고 있다.

2) 말하기 지도 조건

농 아동의 말하기 지도는 보청기나 인공와우와 같은 고성능 청각 보조기가 없었던 시대에도 대안적인 방법을 통해 실시되었다. 말 읽기를 중심으로 말을 지도하던 시대에는 시각과 촉각을 활용한 방법으로 음운이나 말의 리듬, 억양, 빠르기, 음성을 지도하였다.

조음은 혀, 턱이나 입술의 움직임을 눈으로 보고 이해하도록 지도하고, 호흡이나 음성은 손의 촉감이나 장난감을 이용하여 조절하도록 지도하였다. 그러나 말의 요소를 모두 시각이나 촉각적인 방법으로 지도하는 것은 상당한 한계가 있었다. 이것은 그만큼 농 아동의 말하기 지도에 청각의 필요성이 크다는 것을 시사하는 것이기도 하다(이규식 외 2004).

농 아동의 말하기 지도가 효과적으로 이루어지기 위한 조건으로는 다음과 같다(김병하, 2009).

첫째, 청각보조기의 사용으로 청각을 통한 자기조절이 가능해져, 청각의 활용 정도가 크면 클수록 피드백을 통해 자연스럽게 말할 수 있게 된다.

둘째, 이러한 청력은 개개인이 모두 다르기 때문에 개인차를 고려한 학습 지도가 이루어져야 한다.

셋째, 발달의 효율성이 높은 조기에 발견해 지도하는 것이 효과적이다.

넷째, 농 아동의 말하기는 학교수업에서만이 아니라 일상생활과도 연결되어야 한다. 따라서 교사나 전문가의 역할뿐만 아니라 가족들의 적극적인 협조가 필요하다.

3) 말하기 지도방법

농 아동의 말하기 지도에는 먼저 의사소통 지도방법이 있다. 교사는 아동이 의욕적인 자세로 학습할 수 있도록 학습활동을 연구하여야 한다(김병하 외, 1994; 이규식 외, 2004; 김병하, 2009).

이러한 태도를 기르기 위해 의사소통 전략 지도가 필요하다. 의사소통 전략은 화자나 청자가 의사소통을 하는 데 그 과정을 용이하게 하거나 강화하거나 회복하게 하는 것이다. 이 전략의 학습을 통해 더욱 능률적이고 효과적으로 의사소통할 수 있게 된다.

여기에는 농 아동이 의사소통의 상호작용을 미리 준비하여 사용 가능한 어휘, 질문 그리고 그밖에 의사소통의 어려움을 미리 검토하는 예기전략이 있으며, 화자의 부적당한 행동이나 바람직하지 못한 환경이 구어를 인식하는 데 어려움을 미치면 수정하는 수정전략, 그리고 농 아동이 화자의 발화를 잘못 인지하여 의사소통이 중단될 때 화자에게 명료화 요구를 하는 회복전략이 있다.

음성지도는 앞에서 언급했듯이 자기 목소리를 듣지 못함으로 인해 피드백을 할 수 없어 생기는 문제를 해결하기 위한 것으로 청능을 향상시키는 것이 가장 효과적인 방법이다. 음의 높낮이(음도)는 발화 시에 시각적으로 표시해 줌으로써 조절할 수 있도록 도와주거나, 손바닥을 서어대가 있는 후두에 대어 음의 높낮이에 따른 변화를 느낄 수 있도록 하여 조절한다. 음의 세기(강도)는 호흡조절과 발성문제로 인한 경우 호흡훈련을 실시하여 연습할 수 있도록 한다. 음성이 입 안에서 웅얼거릴 경우에는 대개 혀의 위치가 지나치게 구강의 후부에 위치하거나 혀의 운동이 부족하기 때문이므로, 혀를 자극하게 하거나, 혀가 많이 움직일 수 있도록 입을 많이 벌리게 하거나, 씹는 연습을 하게 하고, 턱을 위아래로 많이 움직이도록 하여 혀의 위치를 변경하도록 한다.

조음지도는 농 아동의 말하기 지도에서 말의 명료도와 관련되기 때문에 매우 큰 비중을 차지하고 있다. 먼저 감각조정은 조음지도의 출발로 가능한 한 소리를 잘 듣게 하는 것이다. 독화와 같은 시각적 자극은 조음방법과 조음위치에 대한 정보를 완전히 주지 못한다. 그러므로 조음지도의 첫 단계는 말소리를 조금이라도 더 듣게 하고, 그 상태를 유지하면서 자신의 말소리를 모니터하게 한다.

환경조성은 청력손실의 정도가 심해서 소리를 잘 못 듣고, 스스로 소리를 내는 기회가 적은 아동이라면 인위적으로 소리를 낼 기회를 주고, 말과 관련된 활동시간을 늘려서 말을 산출하는 데 필요한 조음기관의 운동기술을 익힐 기회를 증가시키도록 한다.

환경조성의 원칙은 다양한 감각자극에 더 많이 노출시키고, 감각자극과 운동기능을 연합하여 조음기관의 운동 기회를 증가시키며, 조음기관의 운동 패턴이 음성언어에서 의미를 갖는다는 것을 알게 하고, 음성언어를 의사소통의 수단으로 사용하게 하는 네 가지이다. 이러한 원칙은 음향, 말, 언어, 의사소통 환경을 향상시키는 데 적용된다.

농 아동의 듣기능력과 조음능력은 개인차가 매우 크다. 따라서 농 아동의 조음치료는 개인별 특성에 맞추어 개별 치료 프로그램을 진행하는 것이 바람직하다. 먼저 말소리를 듣고 발음을 조정하는 데 필요한 청각적 피드백이 절대적으로 부족한 아동은 부가적인 기기나 감각의 도움을 받도록 한다. 보청기만으로 소리를 적절히 못 듣는 아동은 FM 보청기를 추가로 사용하거나 증폭능력이 큰 훈련기기를 사용하여 연습을 하도록 한다. 촉각을 이용하는 방법은 말을 할 때 자연스럽게 성대나 입 주위를 만지게 하여 공기의 흐름, 비음의 진동, 성대의 진동을 느끼게 한다. 또는 시각을 이용하여 깃털, 촛불, 탁구공 등이 파열음을 산출할 때 움직이는 모습을 보여주기도 하는데, 최근에는 스피치 뷰어(Speech Viewer)와 같은 컴퓨터 프로그램으로 소리의 높낮이, 강도, 스펙트럼, 비음의 진동, 타이밍 등 많은 시각정보를 제공하여 조음훈련에 이용한다. 한편 이러한 시각적 피드백을 이용한 기기는 말소리 산출을 유도하는 초기단계에만 유용하다는 단점이 있다.

또한 아동의 연령, 청력, 인지발달 수준, 언어 표현 능력에 따라 적절한 활동을 선택해야 한다. 건청 아동은 옹알이를 통해 말 운동을 탐색하고 통제하는 것을 배우고, 모방하기와 반복적인 연습을 통해 정확성과 자동성을 익히며, 간단한 것에서 복잡한 것으로 일반화를 시킨다. 이와 마찬가지로 농 아동의 말소리 산출도 초기발성 단계, 음소-낱말-조합을 통한 의사소통 단계를

〈그림 6-1〉 스피치 뷰어

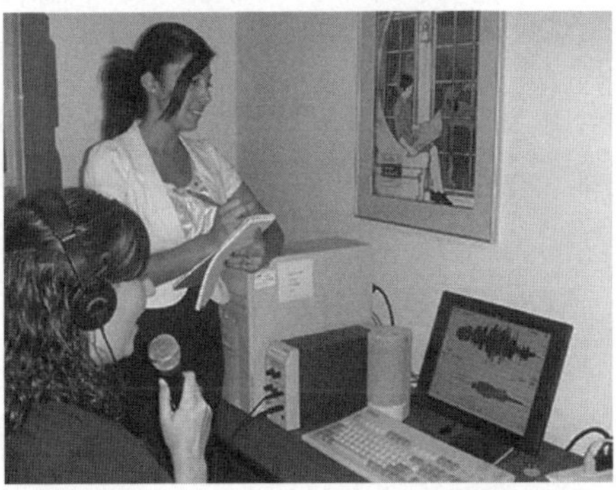

거치도록 유도한다. 이 과정에서 아동의 수준에 맞는 활동과 과제를 선택하는 것이 중요하다. 조음기술 습득순서는 일반적으로 다음과 같이 정리될 수 있다(이규식 외, 2004).

첫째, 아동의 현 발달단계에서 일찍 습득할 수 있는 것부터 시작한다.

둘째, 할 수 있는 것과 할 수 없는 것을 구별하고 아동에게 지나치게 낮은 수준의 것을 요구하지 않는다.

셋째, 집중적으로 짧게 자주 치료하는 것이 한 번에 긴 시간을 치료하는 것보다 효과적이다.

넷째, 리듬, 억양, 쉼과 같은 초분절적 요소에 관심을 기울인다.

다섯째, 모음의 발달을 먼저 고려한다.

여섯째, 시각적 단서가 많은 쉬운 소리의 자음부터 발달을 고려한다.

4. 직업교육

재활의 궁극적인 목표는 농 아동이 성인으로 성장한 후 사회의 일원으로 당당히 참여할 수 있도록 하는 데 있다. 그러기 위해서는 의사소통을 위한 청능훈련·말 읽기·말하기 지도 모두 중요하겠지만, 사회성원으로 책임과 의무를 다 할 수 있도록 하는 직업교육은 농인의 재활을 성공적으로 실현하기 위해서 그 무엇보다도 중요하다고 할 것이다.

제8차 특수학교 교육과정 및 해설서를 살펴보면 고등학교 선택 중심 교육과정에서 '직업과 생활'을 다루고 있다. 이를 중심으로 직업교육에 대해 살펴보고자 한다(교육부, 2007; 김병하, 2009; 이준우·김성태, 2010).

1) 직업교육의 성격

최근에는 장애 학생이 졸업 이후에 실질적으로 직업을 갖는 것을 성과로 제시하고, 그 성과를 달성하기 위한 개별화된 교육과 맞춤식 교육을 할 수 있는 교육과정 개발과 운영이 필요하다는 것이 특수교육계의 가장 중요한 과제로 부각되고 있다.

이는 장애학생의 독특한 개별적 요구, 지역사회의 산업 여건, 학교의 교육 여건 등을 고려함으로써 가능하며, 그 결과로 학교에서 직업교육을 실시한 후 학교를 졸업하면서 취업으로 연결될 수 있는 가능성을 높일 수 있는 결과 중심, 성과 중심의 직업교육과정이 필요하게 되었다.

또한 초등학교에 신설된 실과과목과의 연계성을 고려하는 등과 같은 교육과정 개선 요구와 정보기술의 발달에 따른 직업적 다양성을 반영하는 직업교육과정의 요구에 따라 고시된 2008년 개정 특수학교 교육과정에 그 내용을 반영하였다. 직업교육과정의 개정은 기본 교육과정 개정의 방향에 따라 다음과 같은 내용을 중점으로 두고 이루어졌다.

첫째, 직업 전 교육에 중점을 둔다.

둘째, 학교에서의 직업교육 선택 가능성을 확대한다.

셋째, 정보화 시대의 컴퓨터 활용 내용을 반영한다.

넷째, 학생들이 고용에 도달할 수 있도록 실질적인 직업교육의 성과를 강조한다.

다섯째, 현장실습을 위한 내용과 방안을 강화한다.

여섯째, 지역사회 관련 기관 간의 협력활동을 포함한다.

일곱째, 초등학교 실과과목과의 종적 연계를 고려한다.

2) 직업교육 내용

직업교육과 관련된 교육 내용을 진로탐색, 직업준비, 직업생활 영역으로 나누어 살펴보고자 한다.

진로탐색은 자신의 능력을 바르게 파악하고, 직장인으로서 긍정적인 자아와 바른 가치관 속에서 일과 직업에 대한 건전한 태도를 가지도록 삶과 직업의 관계 알기, 자신의 적성과 흥미 알기, 직업정보 인식하기, 자신의 미래 모습 탐색하기를 학습하게 한다.

직업준비는 직업생활에 대한 적응력을 높이고, 다양한 취업 관련 서비스를 활용하여 자신에게 적절한 일을 찾아 직업생활에 참여할 수 있는 능력을 지니도록 하기 위해, 옷차림과 자기 표현하기, 시간 관리하기, 취업 관련 정보 획득하기, 취업서류작성과 면접하기를 학습한다.

직업생활은 행복한 직업생활을 위한 기본적인 행동과 태도가 습관화되고, 직장상사 또는 동료와 적절한 상호작용 속에서 안전하게 자신을 관리할 수 있는 실천적인 태도를 가지도록 지시 수행하기, 작업 수행하기, 직업생활 유지하기, 안전한 직업생활하기를 학습한다.

3) 직업교육 방법

청각장애를 갖고 있는 농 학생들은 12년 이상의 학교생활을 거쳐 고등학교 또는 전공과를 졸업하게 된다. 이들은 졸업과 동시에 가정과 학교 같은 안정되고 보호받는 울타리를 벗어나 경쟁사회로 진출하여 가정생활, 사회생활, 직업생활, 여가생활 등을 하게 된다.

그러나 농 학생들과 그들의 부모는 막연한 미래로 생각하여 곧 다가올 졸업 후를 준비하지 않는 경우가 있다. 기본 교육과정을 이수하는 학생들은 자신의 능력과 정도에 맞게 졸업 후에 진출해야 할 자신의 영역에 대한 자의적인 선택이 어렵기 때문에 최소한 직업교육과정이 적용되는 중학교 1학년 시기부터는 미래에 대한 준비가 이루어져야 한다.

따라서 직업교육과정은 학교와 사회를 연결 짓는 중요한 역할을 하게 된다는 것을 알고 졸업 후 경험하게 될 다양한 상황, 특히 직업생활에 관련된 기초적 기술이나 태도, 기능 등을 교육과정을 통해 충분히 익혀 학교에서 직업생활로의 전환이 잘 이루어질 수 있도록 해야 한다.

'직업과 생활'은 직업에 대한 인식, 태도, 실제 직업생활 적응, 지역사회 기능 분석에 의한 적응지도, 지원고용으로의 연계 등에 중점을 두는 직업 전 교육과 직업 적응에 중점을 둔 교과이다. 특히, 고등학교 특수학급은 세 개의 과정을 중심으로 운영된다고 볼 수 있다.

첫째는 상급학교 진학을 원하는 학생을 위한 과정, 둘째는 일반고용이나 지원고용, 보호고용을 원하는 학생을 위한 과정, 셋째는 작업활동이나 기타 일상활동을 원하는 학생을 위한 과정으로 볼 수 있다. 첫째 과정에서는 진학을 위한 프로그램을 운영해야 하겠으나 둘째와 셋째의 과정은 '직업과 생활'을 비롯한 특수학교 선택 교육과정의 직업교과를 적극 활용하여야 할 것이다.

또한 '직업과 생활'은 자주적인 생활능력과 직업적응능력을 보다 심화·향상시키기 위한 교과로서 실생활에 적용되고, 생활화할 수 있어야 하기 때문에 가정생활 및 지역사회와 연계한 현장실습 속에서 보충·심화를 통한 일반화가 이루어져야 한다.

그러기 위해 특수학교나 실업계 고등학교에 설치된 특수학급은 학교 내에 설치된 시설이나 설비를 최대한 활용하고, 학교에 직업교육을 실시하기 위한 시설이나 설비의 확보가 어려운 경우, 이 문제를 해결하기 위하여 학교 자체적으로 실습실, 시설, 설비를 적극적으로 확충하거나 지역사회 내 관련 기관이나 사업체 등과의 연계를 통하여 직업교육을 실시하는 방법을 모색해야 한다.

'직업과 생활' 교과는 청각장애 학생들에게 바람직한 직업관을 심어주고, 직업생활의 적응력을 최대한 신장시켜 주는 것과 동시에 지역사회의 완전통합과 자아실현을 통한 행복한 삶을 영위할 수 있도록 하는데 중점을 두고 있으며, 이에 대한 세부사항은 다음과 같다.

첫째, 모든 영역이 실생활 중심의 체험 학습이 되도록 하며 학습한 내용을 실생활에 꾸준히 적용할 수 있도록 지도한다.

둘째, 지역 산업현장의 특수성을 고려하여 지역사회의 인적·물적 자원을 적극 활용하는 산·학 연계 교육을 실시한다.

셋째, 다양한 교육매체를 활용하여 보상적 학습이 이루어지도록 한다.

넷째, 다양한 교수·학습방법을 개발하고, 학생 중심의 교수·학습 방법을 적용한다.

5. 재활에 대한 인식전환

지금까지 농 아동의 재활은 주로 청각기능의 향상 및 말 읽기, 말하기와 같이 잔존능력의 향상이라는 부분에 초점을 맞추어 집중적으로 이루어졌다. 그러나 진정한 재활은 사회의 일원으로 당당히 참여해 직업을 가지고, 세금을 내는 납세의 의무를 다하고, 권리를 주장할 수 있으며, 자신의 이상을 실현하는 것이라고 본다.

그러기 위해서는 지금까지의 농 아동의 부족한 부분만을 보고 그 부분의 기능만을 향상시키려는 국소적인 재활보다는 농 아동 전체를 보고 그 아동이 잘 할 수 있는 부분을 향상시켜주는 것이 진정한 의미의 재활이라고 할 수 있을 것이다(이준우 · 김성태, 2010).

또한 이제 농 아동교육은 주관적 해석주의와 인간주의 패러다임으로 변화되어야 한다. 해석주의 패러다임은 객관적인 판단과 준거에 의하여 농 아동을 이해하고 그들의 교육을 생각하기보다는 주관적 입장에서 분석하고 이해하는 과정이라 할 수 있다. 따라서 이 입장에서 농 아동을 이해할 경우에는 아동 각자가 가진 개별적 특성을 중요시하고, 이를 교육에 반영하는 개별화 교육의 실천을 강조하게 된다.

인간주의 패러다임은 농 아동의 주관적 입장을 이해하고 분석하면서 동시에 거시적 안목에서 장애의 문제를 파악해야 함을 강조한다. 즉, 농 아동들의 학업성취수준이 낮게 나타나는 것은 그들이 가진 장애 문제에서 초래되기도 하지만 행정적 · 재정적 지원의 부적절성, 유능한 교사의 부족, 사회적 지원 체제의 미비 등과 같은 거시적 측면의 문제도 있다는 것이다. 그리고 장애를 가진 아동 역시 존엄한 인격체이며, 그들에게도 장점이 있고 발전 가능성이 있다는 것을 강조한다(김영욱, 2007).

제4부

사회문화적 이해

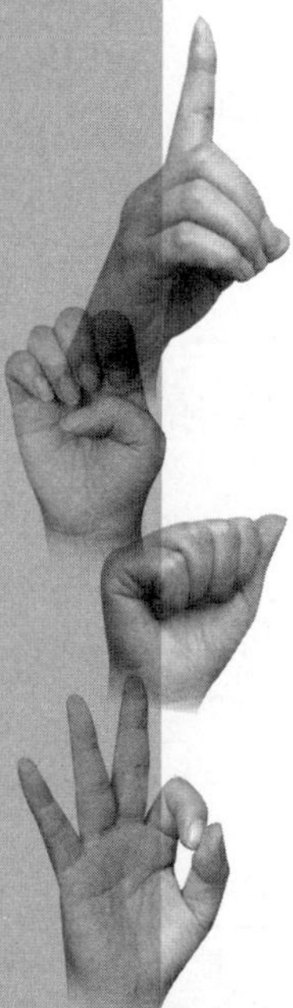

Deaf
&
deaf

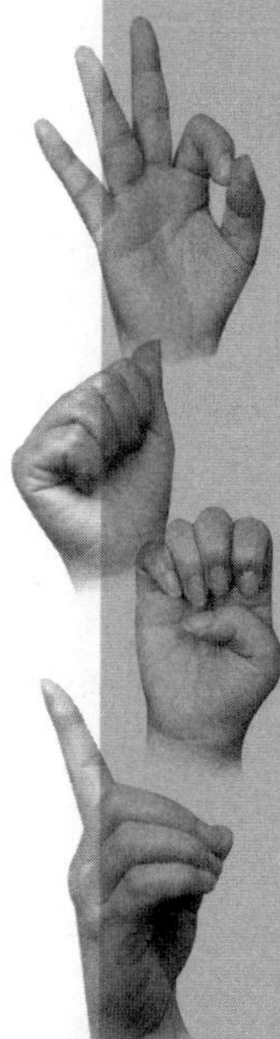

인간은 사회적 동물이라는 말이 있듯이 다른 사람과 더불어 사회공동체를 구성하며 살아간다. 이러한 사회공동체 안에서 자연스럽게 고유의 문화가 형성된다. 농인들은 건청인 사회공동체의 일원으로 살아가기도 하면서, 농인들만의 사회공동체 안에서 정체성을 가지고 농 문화를 형성하기도 하다.

제 4부에서는 건청인사회 공동체 안에서의 농인의 입장을 이해하기 위해 다양한 환경 속에서 농인이 겪는 어려움과 지원들에 대해 살펴보고, 시각 문화로 표현되는 농 문화와 농 정체성을 사회문화적 관점에서 설명하였으며, 나아가 농인들의 여가 생활 및 스포츠 활동에 대해 살펴봄으로써 농인들에 대한 이해를 돕고자 하였다.

몇 해 전 잘 아는 교수님으로부터 들은 이야기이다.

강남역에서 지하철을 탔는데 마침 일요일 아침이라 차 안에는 사람이 별로 많지 않았다. 신문을 보는 사람, 눈을 감고 명상에 잠겨 있는 사람, 앉아서 졸고 있는 사람들이 눈에 들어 왔다. 매우 평화로운 분위기였다.

그런데 지하철이 어느 역에 섰을 때, 문이 열리자마자 30대 후반으로 보이는 남자가 아이 하나를 데리고 들어왔다. 남자는 자리에 가서 앉았는데 웬일인지 중학생쯤 되어 보이는 남자 아이가 갑자기 소란을 피우며 돌아다니기 시작했다. 고함을 지르기도 하고 발에 걸리는 물건을 차기도 하고, 신문을 보고 있는 사람에게 가서 신문을 빼앗기도 하며 법석을 떨었다. 사람들은 아이를 쳐다보며 아주 못마땅한 표정을 지었다.

그런데 이상한 것은 아이의 아빠였다. 그는 애가 무슨 짓을 하든 상관없다는 듯이 눈을 감고는 잠자코 있었던 것이다. 다들 화가 나서 꾹 참고 있는 표정이 역력했다. 원래도 상당히 원칙주의자이면서 예의범절을 강조하시는 그 교수님이 도저히 참지 못해서 한마디 했다.

"선생님, 실례합니다. 댁의 아이가 너무 소란을 피워서 많은 분들이 불쾌하게 생각하고 있습니다. 좀 조용히 하도록 애를 타일러 주십시오."

그 말을 듣자 그 사람은 마치 그 사실을 처음 알았다는 듯이 눈을 번쩍 떴다. 그리고 잠시 후 힘이 다 빠진 소리로 이렇게 말했다.

"선생님 말씀이 옳습니다. 저도 이 아이를 단속해야겠다고 생각하고 있었습니다. 그런데 제 아이가 자폐입니다. 어젯밤 내내 잠을 자지 않고 집을 엉망진창으로 해 놓아서 할 수 없이 오늘 제가 데리고 나왔습니다. 애 엄마는 암으로 지금 병원에서 투병 중입니다. 제가 너무 지쳐서 어떻게 할 수가 없었습니다. 미안합니다. 정말 미안합니다."

그 말을 듣는 순간 그 교수님은 심한 충격을 받았다고 한다. 한순간에 그는 딴 사람이 되어 버렸다. 관점이 바뀐 것이다. 눈앞의 현실을 보는 눈도, 생각도, 느낌도, 감정도 달라졌다. 그리고 태도도 달라졌다. 짜증이 온데간데없이 사라졌다. 그 남자의 고통이 자기 가슴에 진한 아픔이 되어 밀려왔다. 그래서 자기도 모르게 이런 말이 튀어나왔다.

"선생님 미안합니다. 제가 너무 몰랐군요. 뭐 도와 드릴 것이 없을까요?"

이런 변화를 놓고 패러다임이 바뀌었다고 하는 것이다. 환경과 여건은 달라진 것이 없는데 보는 시각과 느끼는 감정이 달라진 것이다.

마지막 제 4부를 통해 농인들에 대한 사회문화적 이해는 물론 농인들을 바라보는 건청인들의 시각과 감정의 변화 더 나아가 패러다임의 변화를 기대해 본다.

제 7 장

농인이 경험하는 삶의 상황은 어떠한가?

20세기 초에 인도의 정글에서 발견되었던 늑대소녀의 이야기는 인간행동에 관해 생각해 보는 실마리가 될 수 있다.

그는 인간으로 태어났고, 인간의 모습을 하고 있었지만 늑대에 의해 양육되었으므로 인간의 행동양식이 아닌 늑대의 행동양식을 지니고 있었다. 즉, 네 발로 걸었고, 생고기를 먹었으며, 언어를 사용하지 못했다. 발견된 후 그를 양육한 목사 부부가 각고의 노력을 기울였음에도 불구하고, 직립보행과 몇십 개의 단어를 배우는 데 그치고 말았다. 이는 인간행동이 생물학적 요소만으로 결정되지 않는다는 것을 증명하는 한 예이다.

늑대소녀가 인간의 행동양식을 지니지 못했던 것은 인간사회와 단절된 채 성장한 탓이다. 인간은 사회와 분리되어서는 정상적인 인간발달이 불가능하며(이인정 · 최해경, 2000), 복잡한 사회적 관계망 속에서 상호작용하며 생활하는 존재이다.

그러나 사회적 상호작용의 기초를 형성하는 의사소통에 어려움이 있는 농인들은 다른 사람들과 관계를 맺는 것이 쉽지 않다. 또한 사회적 재화나 서비스 이용 시에도 큰 불편이 따르게 된다. 즉 의사소통의 장애는 사회적 관계 형성과 접근성에 큰 걸림돌이 되어 농인들이 사회의 각 영역에서 분리되는 결과를 가져오게 된다(구서진, 2006).

더욱이 청각장애는 외관상 눈에 띄는 장애가 아니기 때문에 사회적 관심과 배려가 부족하다. 이처럼 청각장애로 인한 어려움은 사회 전반에 걸쳐 영향을 받으며, 이러한 영향은 또다시 가족이나 동료 등 그 주변 사람에게 영향을 주게 된다.

이에 제7장에서는 농인이 생활하는 환경과 이런 환경으로 인해 어떠한 영향을 받게 되는지에 대해 살펴보고자 한다. 하지만 모든 사회적 환경을 다 다룰 수는 없으므로 사회의 기본 단위인 가족과 안정적인 생활 및 자아실현의 수단인 고용, 그리고 농인들의 생활편의를 위해 지원되는 복지시책 및 편의기기 등을 중심으로 살펴보고자 한다.

1. 농인과 가족

사회의 기본적 단위로서 가족은 개인이 성장하고 발달하는 데 가장 친밀하고 영향력 있는 사회환경(Rhodes, 1980; 이인정·최해경, 2000 재인용)으로, 가족원들이 가족에서 기본적인 욕구를 충족하며 성장하고 발전하도록 하는 고유한 기능을 갖고 있다.

가족은 공동생활체로서 집, 가풍, 조상, 가문 등을 포함하는 넓은 의미의 개념을 가진 문화집단이고, 대를 이어 문화를 전수하는 사회적인 기능을 한다. 그리고 가족은 가족구성원들의 기본적인 욕구로서 생리적인 욕구, 안전의 욕구, 소속과 애정의 욕구, 자존의 욕구, 자아실현의 욕구 등을 충족시키는 기능을 한다(송성자, 2002).

이러한 가족의 기능은 비장애인의 삶보다 장애인의 삶에서 더욱더 요구되는 부분이라 할 수 있다. 이는 청력손실을 갖고 있는 농인의 경우도 마찬가지인데, 이들이 들리지 않기 때문에 경험하는 고충들과 그로 인해 농인에게 부족한 부분들을 누구보다도 가족들이 채워주고 보

〈그림 7-1〉 수화로 대화하는 농인과 가족

듣어주는 것이 필요하기 때문이다.

농인은 대부분 어려서부터 체계적인 교육을 받지 못했고, 그들에게는 귀동냥이라는 것이 불가능하여 일반 상식의 측면이라 불리는 것들, 혹은 성인이라면 당연히 알 만한 것들을 인지하지 못하는 경우가 많다. 따라서 가족들이 농인에게 특히나 신경 써서 가르쳐야 할 부분이 많음에도 불구하고 가정에서는 이들과 소통하기 어렵기 때문에 단순히 방치해두는 경우가 많았다. 또한 농인이 외형적으로는 비장애인과 동일해 보이기 때문에 이들에 대한 교육의 중요성은 사회뿐 아니라 가족 내에서 역시 간과되었다(이정란, 2005).

가족은 두 남녀의 결합으로 시작된다. 이렇듯 의사소통의 어려움으로 인해 가족에게서조차 소외된 농인들은 배우자를 선택할 때 건청인 배우자를 선택하는 경우도 있으나 대략 80% 정도의 농인들이 같은 장애를 가진 농인을 배우자로 선택한다(이준우, 2002).

사회환경의 변화로 가족구조가 대가족에서 핵가족으로 변하면서 농인 가족도 부부로만 구성되거나 부부와 자녀들로 이루어진 핵가족으로 구성되는 경우가 많다. 여기에서는 농인 부모와 건청인 자녀, 건청인 부모와 농인 자녀, 농인 부모와 농인 자녀로 구성된 가족에 대해서 살펴보고자 한다(이준우, 2002).

첫째, 농인 부모와 건청인 자녀로 구성된 가족의 경우, 출산 및 양육에 어려움을 겪는다.

부부가 잠든 사이 아이가 고열로 밤새 울어도 듣지 못하기 때문에 잠에서 깨지 못하고, 이로 인해 아이가 위험에 처하게 될까봐 걱정되어 부부가 번갈아 가며 밤을 지새워야 하는 등 아이가 위험에 노출될 확률이 크며, 옹알이할 때 말을 가르칠 수 없어 1~2년씩 말이 늦어지는 경우도 있다.

또한 본인들이 배우고 경험하지 못한 문화와 교육을 자녀에게 지도해야 하는 어려움이 있다. 이러한 어려움으로 인해 자녀 양육을 친가나 외가에 위탁하는 경우가 많아, 가족에게 부담을 주는 결과를 초래하고 있다.

농인 부모와 건청인 자녀가 의사소통할 때 구화, 필담 글 등을 통해서도 대화하지만 주로 수화를 사용해 대화한다. 따라서 자녀의 수화가 부족할 경우 의사소통에 어려움을 겪게 된다.

농인 부모를 둔 건청인 자녀의 경우 병원, 마트, 금융기관, 가전제품 사후서비스 신청, 부모의 직장, 자녀의 학교, 방송내용, 전화통역, 부모의 채무관계 등 부모가 통역을 필요로 하는 다양한 영역에 걸쳐 수화통역을 수행하고 있다. 그 외에도 부모가 수행하지 못하는 가족문제를 처리하고, 결정하며 가족 간 갈등을 중재하고, 손아래 형제에게 부모가 수행해야 할 역할을 대신하는 특성을 보인다(이미혜, 2004).

둘째, 건청인 부모와 농인 자녀로 구성된 가족의 경우, 농인 자녀 자신은 물론, 부모의 장애를 가진 자녀에 대한 수용태도와 청각장애 형제로 인해 어려움을 겪게 되는 건청인 형제들의 문제도 간과할 수 없는 부분이다.

돌닉(Dolnick, 1993)에 의하면 90% 이상의 농 아동이 농으로 태어나거나 언어를 배우기 전에 농이 된다고 한다. 그들에게 음성대화는 유아기 때 자연스럽게 습득되는 것이 아니기 때문에 충분한 대화를 달성하기 위해서는 많은 노력이 필요하다.

또한 농인들의 90% 이상은 건청인 부모 밑에서 태어난다. 건청인 부모들에게 자식의 농 또는 청각장애의 갑작스러운 출현은 당혹스러운 것이 되기도 하며 그들은 농 아동들이 자신과 같은 형태의 음성언어를 구사하게 되기를 희망한다(구서진, 2006). 많은 건청인 부모들이 수화에 대한 부정적 인식을 가지고 있어, 본인들이 수화를 배우지 않는 것은 물론, 자녀들이 수화를 사용하는 것을 창피해하며 사용하지 못하게 하는 경향이 있다.

그러나 구화나 글로 의사소통하는 데는 한계가 있다. 따라서 농인 자녀를 둔 가정에서는 부모나 가족이 수화를 배우려고 노력하지 않는 한 농 아동은 의사소통의 단절을 겪을 수밖에 없고, 이로 인해 가족으로부터 소외를 경험하게 된다.

결국 이들 농 아동은 가족, 더 나아가서 사회와 원만한 관계를 유지해 나가기가 매우 어렵게 되는 것이다(이정란, 2005). 이로 인해 농인 자녀의 경우 성장한 후 건청인 사회에서도, 농 사회에서도 적응하지 못하는 이방인으로 정체성의 혼란을 겪기도 한다.

건청인 부모의 농인 자녀에 대한 편중된 관심과 보호는 건청 형제·자매들에게도 영향을 미치게 된다. 부모가 농인 형제에게 많은 시간과 공을 들일 때 건청 형제들은 나름대로 버려졌다는 생각과 쓸쓸함을 이겨내야 할 것이다. 부모님이 자신에게는 투자도 하지 않으면서 청각장애 형제 또는 자매에게는 모든 공을 들이는 것 같은 차별대우를 느끼게 될 수도 있다.

때로는 타협이 잘 되지 않는 청각장애 형제·자매 때문에 더 많이 싸우게 되고, 그들로부터 받는 스트레스 또한 무척 클 것이라고 생각된다. 거기에다 부모는 모든 것을 설득이 가능한 건청 자녀에게 무조건 양보할 것을 강요하게 되고, 이는 건청 형제·자매로 하여금 스트레스를 경험하며 살아가게 한다(유순향, 2007). 또한 부모가 사망한 후 농인 형제를 돌봐야 한다는 부담감까지 안고 생활하게 된다.

셋째, 농인 부모와 농인 자녀로 구성된 가족의 경우에는 부모와 자녀가 같은 의사소통의 수단인 수화를 사용하므로 농인 자녀는 가족 내에서의 적응뿐 아니라 사회 적응에도 긍정적 태도를 갖게 된다(이정란, 2005).

최성규(2001)도 농인 자녀를 둔 농인 부모들은 건청인 부모들이 직면하게 되는 혼란스러운 상황을 겪지 않으며 그 결과, 부모가 농인인 농인 자녀들은 부모가 건청인인 여러 건청인 아동들에게서 관찰되는 것과 유사한 정신·사회발달 및 가족과의 상호작용을 유지한다고 하였다.

레빈(Levine, 1981)도 농인 부모는 농인 자녀에 대해 건청인 부모들과 같은 수준의 불안감이나 분열을 겪지 않는다고 하였다. 농인 어머니들은 자녀의 사회-정서 개발을 위해 적극적으로 양육하며, 특히 자녀가 충분한 인지력과 언어기술을 지닌 건전한 사회적 존재로 성장할 수 있도록 가정적인 환경을 만들어 주는 것으로 조사되었다(이미혜, 2004).

그러나 이 경우에도 부모가 자녀를 양육하면서 겪게 되는 어려움은 위의 두 경우가 크게 다르지 않으며, 학부모 활동 등 많은 제한을 받게 된다. 또한 건청 형제·자매의 경우 농인 부모와 농인 형제·자매까지 돌봐야 한다는 스트레스를 받게 된다.

이처럼 의사소통의 문제는 어떠한 사회집단보다도 유대가 강한 가족 사이에서조차 여러 가지 문제를 유발시키고 있다. 사회의 가장 기초가 되는 건강한 가정을 만들기 위해서는 농인 당사자를 위한 지원도 중요하지만 가족을 단위로 하는 정책 및 지원이 제공되어야 할 것이다.

2. 농인과 고용

일자리를 가지고 일을 한다는 것은 안정된 생활을 유지하고 삶의 질을 향상시키며, 자아를 실현하고 자기계발을 한다는 측면에서 매우 중요한 의미를 갖는다(이준우, 2002). 일자리를 갖는다는 것의 전통적 의미를 세 가지로 정의해 보면 다음과 같다.

첫째, 일자리란 생계를 유지하기 위하여 매일 의무적으로 해야 하는 활동이다. 이런 의미의 일자리는 필연적으로 생계유지에 필요한 소득이 발생하여야 하다.

둘째, 일자리는 생산, 창조 또는 자기실현의 의미도 있다. 이 경우 일자리는 자신의 존재를 확인하고, 인격형성과 자아완성을 위한 기회를 제공하여야 한다.

셋째, 일자리는 더 나은 삶의 조건과 규범을 정의하는데, 인간관계의 형성이나 의미의 창조와 같은 추상적인 의미를 포함한다. 또한 인간의 생애단계와 발달단계에 따라 일자리가 가지는 의미가 다르다.

청장년기의 경우 일은 개인의 자아발전과 자아성장을 위한 중요한 도구이며, 사회적으로 생산성, 창의성을 향상시킬 때 그 가치를 인정받게 된다. 반면 노년기의 경우 개인에게 진정한 자아를 완성할 수 있는 기회를 제공하고, 여러 가지 상실을 통해 경험하게 되는 노년기의 문제들을 극복할 수 있는 기회를 제공하게 된다(김종인·우주형·이준우, 2010). 이처럼 인간에게 일자리는 중요한 의미를 갖는다.

그러나 우리나라의 장애인 고용은 아직까지 취업가능성이 높은 경증장애인이나 직업훈련 등의 혜택을 받은 소수의 장애인을 제외하고는 일반 노동시장에 진입하기에 현실적으로 어려움이 있으며(김종인·우주형·이준우, 2010), 그중에서도 농인의 경우 의사소통의 제약으로 인해 더 큰 사회적 장벽을 느낄 수밖에 없다.

또한 농인에게 취업의 기회를 제공한 고용주라 하더라도 농인을 근로자로 대하면서 의사소통의 제약을 마주하고 생각보다 심각한 중증장애임을 토로하기도 한다(배한선, 2006).

사실 농인은 타 장애 유형에 비하여 이동이나 신변처리 등이 자유로워 외형상으로는 비장애인과 크게 구별되지 않기 때문에 노동시장 내에서 고용은 비교적 쉽게 이루어지는 듯하다. 하지만 농인들의 경제활동 실태를 보면 여전히 절대적으로는 미미한 수만이 고용되고 있으며, 직장생활의 부적응과 잦은 이직으로 인해 고용의 안정성이 이루어지지 못하고 있는 실정임을 알 수 있다(이정란, 2005).

2005년 장애인 근로자 실태조사에 따르면 농인 근로자 중 장치·기계 조작 및 조립 종사자가 37.8%로 가장 높은 비율을 보였으며, 단순노무 종사자가 29.4%, 기능원 및 관련 기능 종사자가 14.0%, 사무 종사자 8.7%순으로 조사되었다. 근로 장애인 대다수가 비전문직에 종사하고 있는 것으로 직업 선정이 적성이나 흥미보다는 의사소통의 부담이 덜한 직종으로 편중되어 있다고 볼 수 있다.

또한 모든 교과와 생활의 기초가 되는 문해 수준(읽기, 쓰기, 셈하기)에서 농인들은 건청인의 평균득점인 14.96점에 비해 7.92점의 평균 득점을 받았다. 이 때문에 농인들은 구어 사용 없이 직무를 수행하는 것에 초점을 맞추어 직종을 선택하게 되고, 청력손실과 이로 인한 의사소통의 장애는 직업부적응의 큰 요인(이상욱, 1998)이 되고 있다.

요행으로 어려운 노동시장 진입 장벽을 넘어섰다 하더라도 근무환경이나 상사와 동료와의 인간관계 형성에서 어려움을 겪게 된다. 예를 들어, 농인이 근무하는 공장에서 안내방송을 통해 주문량이 없어 공장이 다음날 하루 휴무를 한다는 내용의 공지를 했다. 이를 듣지 못한 농인은 다음날 혼자 텅 빈 공장에 출근해야 한다. 이러한 일을 줄이기 위해서는 게시판 등을 통해 시각적으로 정보를 전달할 수 있는 근무환경 조성이 필요하다.

또 한 예로 고등학교를 졸업한 농인이 한 회사에서 20년 이상 재직하며 기술을 인정받고 있었다. 그런데 어느 날 대학을 갓 졸업한 전공자가 입사해 본인보다 급여를 500원을 더 받게 되자 상사에게 자신이 다른 회사에 가면 경력과 기술을 인정받아 지금보다 30만 원 이상 급여를 더 받을 수 있다며 건의했고, 회사에서는 그렇게 줄 수 없다고 했다.

퇴사 직전에 농인은 의사소통을 원활하게 할 수 없자 조퇴를 하고 수화통역센터를 찾아가 상사에게 전화를 걸어 수화통역사를 통해 경력이 오래된 본인보다 500원을 더 받는 것이 기분 나빴음을 토로하며, 같은 금액으로 급여를 주면 계속 근무하겠다고 설명을 했다. 상사는 흔쾌히 그럴 수 있다고 했고, 농인은 퇴사하지 않고 계속 근무했다.

이처럼 적극적으로 방법을 찾아 자신의 의사를 전달하고 대화한 경우 퇴사를 면할 수 있으나, 대다수의 농인들은 건청인 동료와 마찰이 생기면 서로의 입장을 충분히 대화할 수 없어 상황을 이해하지도 이해시키지도 못한 상태에서 화를 내며 퇴사하게 된다. 이처럼 관계 형성의 어려움은 퇴사로 이어지고, 이는 농인들의 이직률을 높이는 데 기여하게 된다.

따라서 농인들의 직업 안정을 위해서는 작업환경 개선을 위한 노력과 더불어 건청인 동료 및 상사와의 효과적인 의사소통 기회를 마련하는 일 그리고 농인의 특성에 맞는 웹디자인, 애니메이션, 치·기공, 도서관 사서 등 전문 직종의 개발 등이 이루어져야 할 것이다.

3. 농인과 복지

장애인 복지는 장애인의 삶의 질을 향상시키기 위해 장애인을 대상으로 하는 사회복지 서비스의 일종이다(김종인·우주형·이준우, 2010).

사회복지서비스 체계에서 장애인 복지 분야만큼 복잡하고 다양한 접근방법을 필요로 하는 영역도 많지 않을 것이다. 왜냐하면 인간의 전 생애 과정을 통해 지속되는 특성을 지녔기 때문이다. 따라서 농인 복지를 위한 사회적인 대응책은 소득보장을 시작으로 의료, 교육, 주택, 고용, 교통, 문화, 물리적 환경(편의시설) 등 그 범위가 광범위하다

(이주무, 2005).

이에 여기에서는 농인을 위한 소득보장, 의료, 교육, 직업, 주거 및 기타 복지 지원으로 나누어 살펴보고자 한다(이준우, 2002; 김금래, 2002; 소성숙, 2005; 전재준, 2007; 김종인·우주형·이준우, 2010; 보건복지부, 2011).

1) 소득보장

농인만을 위한 소득보장 정책이 별도로 마련되어 있는 것이 아니라 전체 장애인을 위한 소득보장 정책에 농인도 포함되기 때문에, 장애인의 소득보장 정책에 대해 살펴보도록 하겠다.

장애인의 소득보장 서비스나 경제적 부담경감 방안은 장애인들이 일상생활을 영위하는 데 필요로 하는 금전을 획득하는 문제 즉, 소득의 결핍을 직접적으로 보충해주거나 금전 지출의 일부 또는 전부를 감면해 줌으로써 장애인의 생계안정에 기여하고자 하는 서비스를 의미한다.

장애인들은 개인적 차원에서 질병과 장애로 인한 비자발적 빈곤계층, 낮은 교육 수준으로 인한 문제, 장기간의 재활의료 서비스에 대한 과다 지출 부담으로 인해서 빈곤한 생활을 할 수밖에 없게 된다. 소득보장 서비스나 부담경감 제도는 장애인이 안고 있는 소득원 확보의 어려움을 보완해주는 기능을 하기 때문에 그러한 서비스가 충분하지 못하다면 다수의 장애인은 동시에 빈곤자로 전락해 버리는 위험에 처하게 되는 것이다.

이러한 위험을 예방하기 위해서는 장애인의 소득이 보장되어야 하는데, 여기에는 직접 방식을 통한 소득보장과 간접 방식을 통한 소득보장이 있다.

직접 방식을 통한 소득보장은 크게 세 가지 유형으로 구분할 수 있는데, 첫째, 가입자의 기여에 기반을 둔 사회보험 방식이며, 둘째, 장애유형 및 장애정도 등 일정 요건을 충족하는 경우 급여를 지급하는 사회수당 방식, 셋째, 소득 또는 자산조사를 통해서 소득이나 자산이 일정 수준 이하인 장애인에게 급여를 지급하는 사회부조 방식이다.

이 중 사회보험 방식이 급여 수급의 조건으로서 장애인의 기여를 요하는 기여식 프로그램이라면, 사회수당과 사회부조는 수급조건으로서 장애인의 기여를 필요로 하지 않는 비기여식 프로그램이라고 할 수 있다.

간접 방식을 통한 소득보장에는 조세감면 및 교통비나 통신요금 할인을 통한 경제적 부담경감 시책들이 있다. 조세감면 방식에 의한 간접적 소득보장 정책으로는 등록 장애인을 대상으로 한 소득세와 상속세 공제, 장애인용 물품 관세감면, 수입물품 관세 및 부가가치세 면세, 자동차세 면세가 있고, 요금감면 방식은 전화요금 할인, 철도 및 도시철도요금 할인, 항공요금 할인, 공공시설 이용요금 면제, 주차료 할인, TV 수신료 면제, 고속도로 통행료 감면 등이 있다.

그러나 이러한 제도들이 만족할 만한 수준은 아니어서 경제적 자립도가 낮은 장애인들의 경우에는 가족들에게 의존하는 경우가 많다. 우리나라의 복지이념이 국가의 책임을 강조하는 제도적 이념이라기보다는 아직까지 가족에 의존하는 잔여적 복지이념에 가깝기 때문에 생기는 현상이라고 본다. 장애와 빈곤이라는 이중적 문제를 안고 있는 장애인 복지의 경우 개인이나 가족에만 의존하여서는 안 되며, 국가가 적극적으로 개입하여야 한다.

2) 의료보장

의료지원은 여러 과정 중에서 첫 단계에 해당하는 가장 기초적이고 필수적인 과정이며, 장애의 예방, 조기발견, 조기치료 및 추후관계의 모든 과정을 포함한다. 또한 의료적 욕구는 여러 조사결과를 통하여 볼 때 장애인이 가장 많이 표현하는 욕구이기 때문에 의료재활 서비스의 공급 확대는 장애인의 가장 절실한 필요를 충족시킨다는 측면과 아울러 장애인 사회통합을 촉진하는 차원에서 매우 필수적인 분야이다.

장애인 의료보장 제도로는 사회보험 제도인 국민건강보험, 공적부조 제도인 의료보호 제도, 저소득장애인에 대한 의료비 지원과 보장구(保障具) 무료 교부사업 등이 있다.

장애인 의료비 지원은 의료급여법에 의한 의료급여 2종 수급권자인 등록 장애인과 2009년 4월 1일부터 건강보험의 차상위 본인부담 경감대상자로 전환된 차상위 의료급여 2종 수급권자였던 만성질환자를 대상으로 하여, 1차 의료급여기관에서 처방전 교부 시 본인 부담금의 75%를, 처방전을 교부하지 않고 진료하거나 원내에서 직접 의약품을 조제하는 경우 본인부담금 중 50%를 지원받을 수 있다. 그리고 2, 3차 의료급여기관에서 진료 시 의료보호수가 적용 본인부담 진료비(15%) 전액을 지원받는다.

장애인 보장구의 경우는 의료급여를 실시하고 있어, 건강보험대상자의 경우에는 기준액 범위 내에서 구입비용의 80%를 공단에서 부담하며, 의료급여 수급권자의 경우 기준액 범위 내에서 전부(1종) 또는 85%(2종)를 기금에서 부담하게 된다.

실제로 농인들의 경우 보청기 구입 시 24만 원까지 의료보험에서 지급받는다. 그러나 보장구 수리비용은 본인부담이며, 장애인복지법에 의하여 보청기를 이미 지급받고 내구연한이 5년이 경과되지 않은 경우 의료급여에서 제외된다. 보청기의 특성상 하루 종일 장시간 착용해야 함으로 파손율이 다른 보장구에 비해 매우 높음에도 내구연한이 5년으로 책정된 것은 비현실적이라고 할 수 있다.

또한 개인의 청력 상태에 따라 보청기를 한쪽에만 사용하는 경우와 양쪽에 사용하는 경우가 있는데 1개로 한정해 지원하고 있으며, 보청기의 가격이 70만 원에서 200만 원까지 하는 현실을 감안해 볼 때 24만 원의 지원금은 부족한 금액이다. 내구연한 및 지원수량의 조정은 물론 지원 기준액의 현실화가 필요하다.

3) 교육보장

장애인 중에서는 학력의 부족 때문이 아니라 시험문제나 그 문제를 제시하는 방법이 그들에게 맞지 않기 때문에 고등교육을 받을 수 있는 능력과 자질을 갖추고 있으면서도 고등교육기관에 진학하지 못하고 있는 장애인이 많이 있다. 장애인이 능력과 적성에 따른 고등교육을 받아 전문직에 종사할 수 있게 하고, 그들의 사회적인 신분을 높여주기 위해서는 고등교육을 받을 수 있는 기회를 확대할 필요가 있다.

청각·언어장애 아동을 바르게 교육하기 위해서는 청각장애로 인해 나타난 손상의 실태를 바르게 진단하는 것이 요구된다. 진단결과에 따라 잔존감각이나 아동이 지닌 기타 능력을 최대한으로 활용하여 불필요한 2차적 장애의 발생을 예상하고 치료 가능한 점을 치료하여 잠재능력을 가능한 한 신장시키는 것이 중요하다.

농 아동은 듣지 못하는 것 외에는 다른 모든 일반 아동과 동일하다는 '보편성'이 존중되어야 하지만, 듣지 못함에서 오는 그들의 정체성으로 농 문화와 수어(手語) 사용 언어권 역시 그 '특수성'으로 존중되어야 한다.

청각장애의 이런 특성은 이들을 위한 교육과정을 편성하고 운영하는데도 하나의 주요한 쟁점(김병하, 2009)이 되어, 1967년 교육부 고시 제1차 청각장애 학교 교육과정에서부터 2008년 교육인적자원부 고시 특수학교 교육과정 중 청각장애 학교 교육과정에 이르기까지 적용되고 있다.

이에 의거하여 제 3차 청각장애 학교 교육과정에서 수화를 도입하여, 처음에는 한국어 지도를 위해 한글식 수화 형태로 수화지도서가 편찬되었으나 현재 개정 교육과정의 언어교과서에는 외국 농 교육의 흐름처럼 성인 농인들이 사용하는 수화 어휘와 문법을 도입하고 있다.

4) 직업보장

직업재활은 장애인이 일을 통해서 사회에 참여할 수 있도록 원조하는 것이다. 이는 장애인의 노동 권리에 대해 국제연합이 결정한 장애인의 권리에 관한 선언 제7항에 서술되어 있다. 국제노동기구(ILO)는 직업재활 및 고용에 관한 조약 및 권고에서 직업재활의 목적을 장애인이 적당한 고용과 이를 계속 유지함으로써 사회와의 통합을 촉진하는 데 있다고 하였다.

따라서 직업재활은 개인의 욕구와 능력에 따른 개별성, 장애에 따른 한계성을 인식하는 현실성, 각 전문 분야의 서비스를 요하는 전문성, 종합적 서비스의 제공이라는 포괄성, 서비스를 필요할 때까지 제공해야 하는 계속성, 장애인의 욕구에 따라 서비스가 조정되어야 하는 신축성 등을 갖추어야 한다.

현재 우리나라는 장애인 고용의 확대를 위한 장애인 고용촉진 등에 관한 법률을 제정하고, 주관 기관인 한국 장애인 고용공단에서 장애인 고용시책을 운영하고 있다(소성숙, 2005). 장애인 고용을 위해 장애인 고용부담금과 장애인 고용장려금 제도를 두고 있다.

장애인 고용부담금의 경우, 장애인 고용의무비율[1]에 미달하여 장애인을 고용한 의무 고용사업주(100인 이상 고용사업주)는 미달되는 인원수에 고용노동부 장관이 고시하는 부담 기초액을 곱한 금액을 부담금으로 납부하여야 한다. 또한 장애인 고용장려금은 장애인 근로자의 직업생활 안정을 도모하고, 고용촉진을 위한 제도로 의무고용률[2]을 초과하여 장애인을 고용하는 사업주에게 일정액의 지원금을 지급하고 있다.

---

1) 상시근로자 50명 이상의 근로자를 고용하는 사업주는 그 근로자 총수의 2.3%에 해당하는 장애인 근로자를 의무적으로 고용하여야 한다. 민간사업주의 경우 2010~2011년: 2.3%, 2012~2013년: 2.5%, 2014년 이후: 2.7%이며, 공기업 및 준정부기관의 경우 2010년부터 의무고용률 3%가 적용된다.

2) 2010년부터 의무고용률 2.7%, 공기업 및 준 정부기관 3%.

5) 주거보장 및 기타

주거 지원은 기초생활보장 수급자 및 차상위계층 중 등록 장애인으로 자가 소유자 및 임대주택 거주자를 대상으로 농어촌에 사는 장애인에게 주택 개조비[3]를 지원하고 있다. 또한 등록 장애인이 속한 가구의 가구원 수로 나눈 월 평균소득액이 기준액 이하인 가구의 등록 장애인에게 실비로 장애인 생활시설 입소 이용료[4]를 지원한다.

그 외에도 농 아동의 언어치료 및 청능치료를 위해 재활치료 바우처를 지원하며, 인공달팽이관 수술로 청력회복이 가능한 저소득 농 아동을 대상으로 인공달팽이관 수술비를 지원한다. 또한 수화통역센터 운

〈그림 7-2〉 경기도 농아인 협회 홈페이지

---

3) 2010년 현재 가구당 3,800천원 지원.

4) 2010년 현재 실비 장애인 생활시설 입소 시 입소 비용 중 매월 27만 원 지원.

영[5] 지원을 통해 관공서·법률관련 기관 방문, 의료기관 진료 등의 경우 수화통역 필요시 출장통역을 지원하며, 일반인에 대한 수화교육, 농인에 대한 고충상담을 지원한다.

그리고 통신중계 서비스센터 운영을 지원해 농인들이 전화를 통해 비장애인들과 원활한 의사소통을 할 수 있도록 지원해주고 있다. 현재 국내에서는 정보통신부 산하기관인 한국정보화진흥원에서 2005년부터 시범사업으로 해오고 있는 중계센터와 경기도 지원으로 경기도 농아인 협회에서 2007년 4월부터 운영해오고 있는 중계센터가 있다.

4. 농인과 편의기기

현대 과학문명의 발달로 농인을 위한 편의기기는 획기적으로 발달했다. 현재 농인을 위한 편의기기에는 보청기, 인공와우(인공 달팽이관), 팩시밀리, 골도 전화기, 문자 송·수신 전화기, 화상(영상) 전화기, 컴퓨터 화상카메라 및 메신저, 음성표시장치, TV자막 수신기, 진동식 시계 등이 있다.

농인의 의사소통을 지원하기 위해 활용되고 있는 기기로서 잔존청력을 보완하거나 청각적 입력을 확대하기 위한 보조기기인 보청기와 인공와우에 대해서는 제 2장에서 살펴보았기에, 여기에서는 그 외 청각 정보를 다른 감각으로 대체하는 편의기기에 대해 살펴보고자 한다.

또한 편의기기는 아니지만 농인과 함께 생활하며 일상생활에서 소리를 듣지 못해 생기는 농인들의 불편을 덜어주고 있는 보청견에 대해서도 함께 살펴보고자 한다.

---

5) 1999년 설치 운영되기 시작해 현재 전국에 158개의 센터와 17개의 자치구로 총 175개소가 운영되고 있다.

1) 편의기기

(1) 팩시밀리

팩시밀리는 글이든 그림이든 서류의 내용을 그대로 복사하여 보내는 모사전송기이다. 농인은 소리를 들을 수 없기 때문에 일반 전화를 이용할 수 없는 대신 팩시밀리를 통해서 송신자의 문자로 기록된 메시지를 송달받아 읽을 수 있게 된다.

원래 팩시밀리는 증명서 따위의 중요 서류나 도면 같은 그림을 즉석 송달하기 위해 발명된 것이지 농인의 편의를 염두에 두고 개발된 것은 아니지만 결과적으로 많은 농인의 통신 수단으로 애용되었다(이준우, 2004b). 1990년대 들어 휴대용 전화기의 일반화 및 영상전화기의 보급으로 그 자리를 내주기까지 팩시밀리는 농인들의 중요한 통신 수단이었다.

(2) 골도 전화기

전음성 난청자가 주로 사용하는 전화기로 음파가 공기의 진동으로 잘 전달이 안 될 경우에 뼈의 진동을 통해 내이로 소리를 직접 전달해주는 전화기를 말한다.

〈그림 7-3〉 팩시밀리

〈그림 7-4〉 골도 전화기

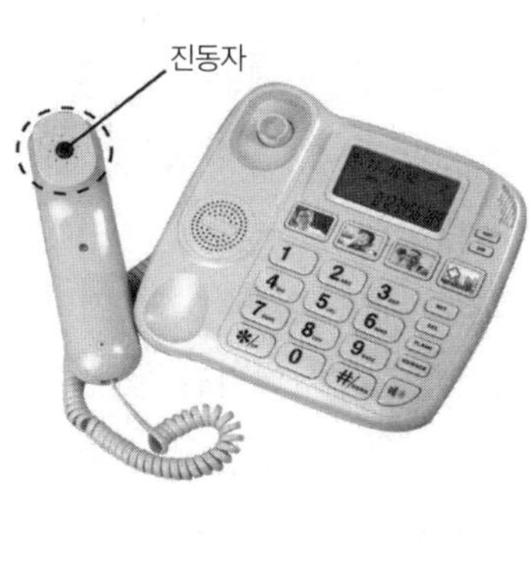

일반전화기의 경우 수화기 소리(음파)가 공기로 전달되는 것에 반해, 골도 전화기는 스피커 대신에 금속판 같은 진동자가 있어서 그것을 귀 주위의 뼈 부분에 대면 진동자의 진동이 그 부분의 뼈를 진동시켜 음파(소리)가 바로 내이로 전달되게 된다.

(3) 문자 송·수신 전화기

키보드나 버튼 등으로 입력된 문자가 전화 회선을 통해 문자로 전달되어 화면이나 종이 위에 표시되는 전화기로서 문자전화기, 휴대용 전화기 등이 포함된다. 기존에 음성전화를 사용할 수 없던 농인들에게 문자로 송·수신할 수 있는 전화기의 보편화는 상당히 획기적인 변화였다.

(4) 화상(영상) 전화기

음성과 화상을 동시에 송·수신하는 전화기로 송·수신자가 화상(영상) 전화기를 모두 소유하고 있어야 가능하다. 수화를 사용하는 농인들이 화상을 통해 수화로 이야기할 수 있어 선호하는 편의기기로, 인터넷 라인을 이용한다.

요즈음은 휴대용 전화기를 통해 문자 송·수신만이 아니라 영상통화를 할 수 있어서 환영받고는 있으나 비싼 사용요금으로 인해 많은 농인들이 사용에 부담을 느끼고 있다.

(5) 컴퓨터 화상카메라 및 메신저

컴퓨터 화상카메라는 농인이 컴퓨터에 연결하여 수화로 실시간 의사소통을 할 수 있도록 돕는 기기로서 전화기의 송·수신기와 같은 역할을 한다.

또한 농인은 컴퓨터 메신저 프로그램을 활용해 문자로 대화한다. 혹은 메신저와 화상카메라를 통해 수화를 동시에 활용할 수 있어 편리하기는 하나, 양쪽이 모두 컴퓨터 및 화상카메라를 소유하고 있어야 가능하다. 컴퓨터 활용이 많은 젊은 층의 농인들이 주로 활용하는 통신수단이다.

(6) 음향표시장치

초인종 소리, 아기의 울음소리 등을 빛 또는 진동으로 알리는 기기를 말한다. 음향표시장치가 생기기 전 농인만 살고 있는 집에 방문하게 되면, 문 밖에서 초인종을 아무리 눌러도 문을 열어 주지 않아 기다리다 없는 줄 알고 발길을 돌리는 일이 흔했고, 농인은 농인대로 아침부터 저녁까지 언제 손님이 올지 몰라 하루 종일 창문을 내다보며 들락날락하는 불안한 기다림을 계속해야 했다.

물론 음향표시장치는 자고 있을 때, 빛을 등지고 있을 때, 진동기기로부터 멀리 떨어져 있을 때는 소용이 없어 사용하는 데 한계가 있다. 그러나 음향표시장치는 분명 방문객이 문 밖에서 발길을 돌리는 횟수를 줄여주었을 뿐만 아니라, 농인의 불안한 기다림을 줄여주었다.

〈그림 7-5〉 문자 송·수신 전화기

〈그림 7-6〉 영상 전화기

〈그림 7-7〉 컴퓨터 화상카메라

(7) TV자막 수신기(decoder)

농인이 자막방송을 수신하여 TV를 볼 수 있도록 하는 기기로서 외장형과 내장형이 있다.

현대인들은 TV 뉴스와 교양 프로그램을 통해 정보와 지식을 얻고, 연속극이나 오락 프로그램 등을 통해 즐거움을 얻는다. 그러나 농인은 소리 없이 TV의 화면에만 의존해야 하므로 제대로 시청할 수가 없다. TV를 통해 쏟아지는 상당한 정보에 접근할 수 없으며 즐거움도 누릴 수가 없다.

이러한 문제점을 해결하기 위해 우리나라에서는 처음으로 MBC에서 1999년 2월 자막방송을 시작하였으며, 이에 자극받아 KBS, SBS도 자막방송을 시작하였다. 이 자막방송을 보기 위해 농인들은 외장형 TV 자막 수신기를 TV에 장착하거나 자막수신기가 내장된 TV를 가지고 있어야 한다.

자막방송은 농인들이 정보 및 오락으로부터 소외되는 것을 막고, 삶을 윤택하게 만들어 주는 데 큰 역할을 하였다. 그러나 녹화방송이나 영화 같은 경우에는 자막과 화면이 일치하나, 생방송의 경우 자막이 1~2초씩 뒤에 나오는데 이마저도 틀리거나 아예 빠트리는 경우가 있어 농인들이 답답함을 호소하기도 한다. 이렇듯 불만의 목소리가 많이 나온다는 것은 그만큼 자막방송에 의존하고 있다는 것을 반증해주고 있다고 할 수 있다.

〈7-8〉 TV자막 수신기

외장형

TV 일체형

(8) 진동식 시계

〈그림 7-9〉 농인과 보청견

일반건청인들에게는 자명종 시계라는 것이 있어 정한 시간에 맞춰 울리는 자명종 소리에 잠에서 깨어나 일어날 수 있게 된다. 그러나 농인에게 자명종 시계는 시간을 알려주는 기능밖에 아무것도 할 수 없기 때문에 무용지물에 가깝다. 자명종 시계로서의 기능을 농인에게도 적용시킬 수 있게 하기 위해서는 소리 대신에 진동(*vibration*)식이 효과적이다(이준우, 2004b).

이러한 진동식 시계는 주로 베개 안에 넣고 자며, 진동이 강해 농인들이 선호한다. 또한 기차나 버스에서 내릴 곳을 지나칠까봐 마음 놓고 졸지 못하던 농인에게 휴대용 진동시계나 팔목 진동시계는 큰 도움이 되고 있다.

2) 보청견

농인을 도와줄 수 있도록 특별 훈련을 받은 개를 보청견이라 한다. 시각장애인을 위한 안내견이 있듯이 청각장애인을 위한 보청견이 있다.

보청견은 농인과 함께 생활하면서 초인종 소리, 전화벨(팩스) 소리, 자명종 소리, 아기 우는 소리, 물 끓는 소리, 압력밥솥 소리, 화재경보음, 자동차 경적 소리 등을 알려준다.

외국의 경우 미국이 1975년, 영국이 1982년부터 보청견 훈련을 시작하였다. 시각장애인 안내견이 1916년부터 훈련되기 시작한 것에 비하면 60년 가까이 늦게 시작되었다고 볼 수 있다. 우리나라의 경우 1990년대에 들어와서야 이삭 도우미 개 학교와 삼성 도우미견 센터에서 보청견 훈련을 시작하였다.

보청견은 품종을 가리지는 않으나 사람에게 우호적이고 활발한 성격과 좋은 청각을 가지고 있으며, 호기심이 강하고, 훈련을 통해 소리를 구분할 수 있을 정도로 영리해야 한다. 우리나라 사람들의 경우 작은 견을 선호하는 편이다.

보청견은 농인이 잠들어 있어도 초인종 소리를 듣고 깨워 바로 문을 열 수 있게 하고, 물이 끓는 소리를 알려주어 냄비를 태우지 않도록 하고, 자동차 경적 소리를 알려주어 위험한 상황을 피할 수 있도록 하는 등 농인의 생활에 여러 모로 편리하게 도움을 주고 있다.

그러나 사회적으로 보청견에 대한 인식이 부족하다보니 공공장소에 출입할 때 장애인 보조견 표시를 하고 있음에도 매번 일일이 설명을 하여야 겨우 들어갈 수 있다고 한다. 보청견에 대한 홍보 및 인식개선을 통해 이러한 불편을 줄여나가야 할 것이다.

제 8 장

농인의 정체성은 무엇인가?

한국농아인협회에서는 농인의 정체성 확립을 실현하기 위하여 6월 3일을 '농아인의 날'로 제정하였다. '농아인의 날'은 우리나라 농인 복지의 효시이자 한국농아인협회의 원형인 '조선농아협회'라는 자주자립단체가 설립된 1946년 6월을 기념한 '6'과 귀의 모양을 형상화 한 '3'을 결합해 6월 3일로 제정했다.

한국농아인협회에서는 이 날을 기념하여 1997년부터 매년 6월 3일에 기념식을 거행해 농인들의 사회적 지위 확보와 농 문화를 널리 알리기 위해 노력하고 있다.

이번 장에서는 일반적인 병리적 관점에서 농인을 이해하는 것이 아니라 사회문화적 관점에서 농인의 심리, 농 사회와 농 문화, 농 정체성에 대해 살펴보고자 한다.

1. 농인의 심리

농인을 상대하는 건청인들이 농인들을 이해하지 못해 자주 실수하게 되는 것 중 하나가 농인들의 '괜찮다'는 표현에 대한 반응이다. 건청인 사회에서 '괜찮다'라고 대답한다면 '그런대로 만족스럽다' 혹은 '좋다'는 의미로 해석된다. 그러나 농인이 '괜찮다'고 대답했다면 이는 '만족스럽지 못하다' 혹은 '싫다'의 완곡한 표현라고 할 수 있다. 이는 듣지 못해서 경험했던 좌절과 이로 인한 열등의식의 잠재된 표현일 수 있다.

이처럼 농인들의 심리적 문제들 중 많은 것들이 청각장애 그 자체에서 직접 야기되는 것이 아니라 오히려 보다 일반적인 요인들에서 야기된다. 청각에 장애를 입음으로써 생길 수 있으나 농인이 아닌 사람들에게도 심리적 문제를 일으킬 수 있는 요인들로 소외된 혹은 소수인 집단에 속하는 사람들의 신분상의 지위, 경제적 계층, 기타 등등을 포함하고 있다(Baars, 1986; 이준우, 2003a).

이러한 농인들의 심리를 이해하기 위해 국내·외 많은 학자들이 농인 심리를 이야기하며 인용했던, 에릭슨(Erickson)의 8단계 생애주기 발달과정을 통해 살펴보고자 한다.

1) 기본적 신뢰감 VS 불신감

이 단계는 출생 후 1년 동안의 시기로, 에릭슨은 이 시기를 인생에서 가장 중요한 시기로 보았다. 이 시기에는 어머니 혹은 양육자가 유아의 신체적·심리적 욕구와 필요를 적절히 충족시켜주면서 일관성 있게 돌봐주면 어머니 혹은 양육자에 대한 기본적인 신뢰감이 생기게 된다.

만약 유아에 대한 어머니의 보살핌이 적절치 못하거나 아기의 어머니 혹은 양육자가 아기를 양육하는 데 자신감이 부족하여 일관성이 없는 태도를 보인다면 아기에게 불신감을 심어주게 된다. 이 시기에 형성된 신뢰감이나 불신감은 성장하면서 성격발달에 영향을 주게 된다. 또한 이 시기에 형성된 신뢰감은 전반적인 사회관계에서의 성공적인 적응과 밀접한 관계가 있다.

에릭슨은 얼마나 신뢰하느냐는 사랑과 관심의 절대량에 좌우되는 것이 아니라 어머니와의 관계의 질에 좌우된다고 강조했다(건청인-Orlans, 1972; 이준우, 2003a).

굿나우(Goodnow)에 의하면, 유아들은 생후 4주가 되면 감각인식을 의미 있게 표현한다고 한다. 굿나우는 어머니의 음성을 녹음기로 들려주고 실제 어머니는 그와는 다른 방향에서 나타나게 하는 실험에 관해 보고를 하였다. 생후 4주가 되었을 때 유아들은 이 당혹스런 상황에 대해 지극히 불안한 정서적 고통을 반응으로 나타냈다.

시각 및 촉각 정보에만 전적으로 의존하는 농 아동의 경우, 예상되는 징후들을 터득하는 데는 더 오랜 시간이 걸릴 것이다. 젖병의 쨍그랑 소리, 엄마의 달래는 음성과 다가오는 발자국 소리, 이 모든 것들이 들리지 않기 때문이다.

더욱이 렌느버그(Lenneberg)가 간결하게 설명했던 것과 같이 감각결손은 증식력이 있다. 따라서 모든 청각적 인식이 그 아이의 경험에서 제외될 뿐만 아니라 모든 관계 그리고 청각적으로 연계된 원인과 결과는 그 어린이가 자기 환경을 이해하지 못하게 한다. 자지 않고 누워서 주변에서 들리는 소리 — 부엌에서 요리하는 엄마 소리, 전화받는 아버지, 밖에서 노는 형제자매들의 웃음소리 등 — 들이 주는 안전감을 청각장애 유아는 누릴 수 없다는 것이다(이준우, 2003a).

2) 자율성 VS 수치심, 회의감

2~3세의 초기 아동기로 이 시기에 아동은 걸음마를 익혀 스스로 행동하기 시작하면서 신체적으로나 심리적으로 자신의 의지를 표현하려고 한다. 그러나 이러한 자율성과 동시에 배변훈련과 같은 습관을 가르치려는 부모와 갈등을 느끼게 된다. 이때 너무 제한을 받거나 너무 가혹하게 처벌받으면 수치심과 회의감이 발달하게 된다.

수치심은 자신이 다른 사람의 눈에 좋게 보이지 않는다고 생각할 때 가지게 되는 느낌이며, 회의감은 자신이 강한 존재가 아니라 다른 사람이 자신보다 더 낫고, 다른 사람에 의해 자기가 통제받는다고 느끼게 되면서 나타나게 된다.

에릭슨은 이 단계의 발달 과업을 잘 수행하지 못할 경우 어른이 되어 강박적 행동을 하게 되거나 피해망상을 가지게 된다고 했다.

마이클버스트(Myklebust)는 청각장애 자녀를 둔 가정들과 친밀한 접촉을 해보면 농 아동에게 일상적인 사건들과 사정들을 계속 알려주기란 극히 어렵다는 것을 알 수 있다고 말한다. 그런 일들이 비록 사소한 것들이라 할지라도 그것들을 설명하는 것은 부모에게 인내와 성숙함을 요구하는 일인 것이다. 흔히 의사소통 능력이 제한되었기 때문에 그런 설명을 해주지 못하는 경우가 많다(Myklebust, 1964; 이준우, 2003a).

이러한 의사소통의 어려움 때문에 농 아동은 과도한 보살핌 혹은 과도한 통제를 받게 된다. 농인들이 가지고 있는 피해의식은 이때부터 시작되었다고 볼 수도 있을 것이다.

3) 주도성 VS 죄책감

4~5세의 학령기 전 아동기로 이 시기에 부모가 자녀가 호기심을 충족할 수 있도록 질문에 성실히 대답해주고 격려해주는 것이 주도성 발달에 도움이 된다. 아동은 이 시기에 목표와 계획을 세워 목표를 달성하는 데 성공하고자 노력하고, 자신의 신체, 행동, 장난감 등에 대하여 책임질 것을 요구받게 되는데, 이를 통해 책임감과 주도성을 증가시킨다.

죄책감은 아동이 스스로 계획한 목표가 금기를 범하는 결과를 가져왔거나 이성의 부모로부터 사랑받으려는 욕구를 부모가 너무 심하게 꾸지람하거나 체벌을 주었을 때 발생하게 된다. 죄책감이 심한 아동은 잘 체념하고 자신이 무가치하다고 느끼게 되며, 이것은 여러 가지 정신 병리적 행동으로 발전된다고 보았다.

그러나 농 아동들은 이 시기에 재활교육을 시작하거나 치료를 위해 가족과 떨어져 생활하기도 한다. 의사소통의 어려움으로 어머니와 자유롭게 전화조차 할 수 없는 농 아동들의 경우 이러한 상황에서 본인이 거부당하고 있다고 느끼기도 한다.

이와 관련해 레이너(Rainer)와 알트슐러(Altshuler) 그리고 콜만(Kallmann)은 다음과 같이 밝히고 있다(Rainer, Altshuler & Kallmann, 1969; 이준우, 2003a 재인용).

> 아마 필자는 정신과 의사들이 보고 있는 농 아동들의 일부 특정한 정신건강 문제들을 도식적으로 대충 개요만 훑고 있는지는 모른다. 필자의 소견으로는 이 모든 문제들은 매우 어린 나이 때부터 시작되는 의사소통상의 장벽으로부터 본질적으로 시작되어 학교 재학기간 중과 성인 사회화시기로 이어진다.
>
> 초년기의 버림받았다는 느낌, 충동적 욕구를 표현하지 못하는 것, 사회의식과 타인을 위한 생각을 발달시킬 수 있는 기회의 결여, 감정이입과 양심에 관한 문제들, 권한과 힘을 다루는 능력, 또한 다른 어느 것에 못지않게 중요한 자신의 정체성 확인과 자아 이미지 문제들, 이 모든 문제들은 의사소통에 의해 좌우된다. 즉, 이해와 타인들과의 정서적 융화라는 쌍방 통로에 의해 좌우되는 것이다.

4) 근면성 VS 열등감(6세에서 12세까지)

이 단계는 초등학교 시기로 연역적 사고가 가능해지고, 자아성장이 가장 확실하게 발달하는 단계로, 이 시기에 친구관계 형성이나 가족의 범주 인식과 같은 기초적 인지기술과 사회적 기술을 이해하고 습득할 때 근면성이 발달하게 된다. 또한 아동이 학습에 열중하는 때이기도 하다. 근면성은 아동이 일을 끝냈을 때 상당히 칭찬을 하면 강화된다.

그러나 이 시기에 학교나 사회가 아동에게 편견적인 태도를 보일 때 아동은 열등감을 느끼게 된다. 에릭슨은 이 성장단계의 가장 근본적인 위험은 사람이 자신의 성장가능성을 그저 일에만 국한시켜서 결국 생각 없는 획일주의자가 되는 것이라고 설명한다.

기숙학교에 재학 중인 학생들의 성장가능성이 학교의 획일성 때문에 제한받는다는 것은 분명하다. 매일 통학하는 학교에 재학 중인 농 아동은 이 연령기 중에 학과 수업에서 자신이 열등하다는 것을 점차 인식하게 된다.

생물학적인 실제 나이가 열두 살에 이르렀을 때, 그 아이가 3학년 수준의 읽기를 하면서 제대로 이해라도 한다면 잘하고 있는 것이다. 그는 또한 자신이 아무리 노력을 해도 구화방식으로는 자신의 의도를 상대에게 이해시킬 수 없고, 그가 기록한 언어도 결코 정확하지 않다는 것을 점점 더 깨닫게 된다. 따라서 그는 자기 자신을 학교에서 낙오자라고 여기고, 의욕을 상실하게 된다(이준우, 2003a).

이처럼 농 아동들이 이 시기에 열등감을 가지는 경우도 있으나, 다른 아동들과 같이 규칙을 배우고, 전해 내려오는 것과 자기가 정한 것을 구분할 수 있게 되는 시기이기도 하다.

5) 정체감 VS 정체감 혼미, 역할혼미

청소년기에 해당하는 이 단계는 자아정체감이 형성되는 시기로, 자신이 누구인가라는 질문에 대한 해답을 찾고자 한다. 자아정체감이 형성되면 가족, 학교, 사회생활 등에서 자신의 위치, 능력, 역할 및 책임에 대한 인식이 발달하게 된다. 그러나 주위에서 정체감 형성을 강요하거나, 역할들에 대한 적절한 탐색이 이루어지지 못할 경우 정체감 혼미(역할 혼미)가 나타나게 된다.

또한 이 시기에는 동료집단에서 동일시의 집단을 찾거나 위인이나 영웅에게서 동일시의 대상을 찾으려 애쓴다(우종하, 2009). 동경의 대상이 되는 인물(*hero*)들을 찾는 과정에서 청각장애 청소년들은 봉사활동의 많은 역할들이 자신에게는 막혀있다는 사실을 받아들여야 한다. 동년배의 다른 아이들에게 받아들여지느냐 아니면 조소와 놀림감이 되느냐에서 청각장애 청소년이 처한 상황은 특히 어렵다.

기숙학교에 재학 중이라면 그는 이 기간 중에는 협조적인 농 문화에 점점 더 동화된다. 그러나 피난처와 같은 그 환경을 떠나서 '실제' 세계에서 생활해야 하게 될 때 그는 그 대가를 치러야 한다. 매일 통학하는 일반 학교의 경우, 농 아동들은 일상적으로 건청인들 위주의 학생회로부터 기피당하고 같은 건물 안에 들어 있으면서도 별개의 집단이 될 수 있다.

농 아동들이 지닌 포부로 인하여 난관들을 현저하게 극복해낼 수 있는 힘을 얻기도 하지만 비현실적일 경우가 흔하고 희망이 성취되지 않으면 실망이 뒤따르기 마련이다(이준우, 2003a).

6) 친밀성 VS 고립감

초기 성인기에 해당하는 이 시기에는 친구나 배우자 등 타인과 친밀한 관계를 형성하는 단계로 주된 관심은 직업과 배우자이다. 상대방에게서 자기와 비슷한 점을 찾으려 하고 보살피려 한다는 특징이 있다. 그러나 친밀성이 제대로 발달하지 못한 경우 고립감에 빠지게 된다. 고립감은 사회적 관계를 회피하고 자신을 소외시킨다.

친밀성 대 고립감에서 최고의 선은 사랑이다. 이 시기를 잘 해결하면 사랑이 발생하게 된다. 에릭슨은 사랑이란 낭만과 애정 이외에도 자신을 타인에게 관여시키거나 관여시키는 능력으로 간주했다.

짝을 선택하는 것이 이 단계에서는 가장 의미 깊은 사건이다. 청각장애 학교 졸업생의 대부분은 다른 농인과 결혼한다. 이는 그들을 하나의 집단으로 격리시킨 것의 필연적인 결론이라고 말할 수 있을 것이며 사실 그렇게 왕성하게 주장되고 있기도 하다. 그러나 매일 등교하는 학교의 특수 프로그램 과정 졸업생들 역시 비슷한 장애를 지닌 다른 졸업생과 결혼하는 경우가 흔하다는 것도 역시 사실이다(이준우, 2003a).

7) 생산성 VS 침체성

이 시기는 성인기에 해당한다. 초기 성인기에 결혼한 두 사람은 친밀감을 형성한 후, 이 단계에 와서는 두 사람의 관계를 넘어 다음 세대를 양성하고 지원하는 데 관심을 갖게 된다.

생산성이란 자녀를 낳고 기르는 것뿐만 아니라 직업적인 성취, 학문적·예술적 업적 등을 포함한다. 그러나 에릭슨은 자녀를 돌보는 것에 더 중점을 두어 이 단계에서의 최고의 선은 보살핌이라고 할 수 있다고 했다.

생산성을 제대로 발휘하지 못하면 침체성이 형성되는데, 침체성은 다음 세대를 위해서 아무것도 한 일이 없다고 느끼는 것이다. 청각장애 부모들의 경우, 자녀를 양육하는 데 언어지도의 한계를 느끼며 아동의 울음소리 등을 듣지 못해 욕구를 바로 인지하지 못하므로 제때 욕구를 해결해 줄 수가 없다. 또한 자녀가 학령기에 접어들면 담임선생님과의 면담이나 각종 학부모 활동 등 여러 가지 어려움에 직면하게 된다. 이러한 이유로 마음과는 달리 자녀에게 충분한 보살핌을 베풀 수 없어 인생의 무의미함과 절망을 느끼게 된다.

8) 자아통합 VS 절망감

노년기에 해당하는 단계로 이 시기에는 자신의 삶을 되돌아보며 무엇을 했는지 평가해보고, 반성하며, 정리하는 시기이다. 인생의 의미를 찾고, 보람을 느낄 수 있어서 만족스러운 인생이었다고 생각하면 자아통합을 갖게 된다.

그러나 이 시기에 자신의 인생을 무의미하게 느끼고, 부정적으로 평가한다면 절망감에 빠지게 되어 우울증이나 과대망상 등을 초래하게 된다. 이 우울을 깰 수 있는 덕목은 지혜로, 지혜는 죽음 앞에서 삶에 대해 초연할 수 있도록 해준다.

청각장애 노인들의 경우 대다수가 자아통합성을 가지고 있다. 그러나 의사소통 문제로 대인관계에 어려움을 갖게 되고, 심지어 가족들과도 원활하지 못한 의사소통으로 비장애 노인들이 느끼는 소외감이나 우울보다 더 심각한 소외감과 우울을 느끼게 된다.

슐레진저(Schlesinger)와 매도우(Meadow)는 미성숙이 반드시 청각장애의 결과만은 아니라는 것을 에릭슨의 이론을 통해 보여주면서 동시에 농 아동들의 부모와 농 교육 담당 전문가들에 대한 지침과 상담이 개선되어야만 청각장애라는 신체적 장애와 더불어 발생하는 정신건강 문제들이 증가하는 것을 막아낼 수 있다는 점을 강조하였다(Schlesinger & Meadow-Orlans, 1972; 이준우, 2003a).

2. 농 사회와 농 문화

농인들과 함께 있다 보면 자주 의외의 상황을 경험하게 된다. 예를 들어 화장실에서 노크 없이 문을 확 열었을 때, 보통의 경우 왜 노크를 하지 않았냐며 안에 있던 사람이 화를 낸다. 그러나 노크를 해도 들을 수 없는 농인들의 경우 밖에서 문을 연 사람이 더 화를 내며 왜 문을 잠그지 않았냐고 다그치는 모습을 보게 된다.

또 한 예는 책임에 대한 이야기를 하다가 '잘못되면 내가 책임지고 옷 벗는다'라는 말을 하면 대부분의 사람들은 '자리를 내놓고 사직한다'는 의미로 이해한다. 그러나 그 뜻을 이해 못하고 갑자기 왜 옷을 벗느냐는 반응을 보이는 사람들이 농인이다. 물론 모든 농인이 다 그렇다는 것은 아니다. 그러나 대다수의 농인들이 이를 이해하지 못한다.

같은 공간에서 같은 시간을 살아가고 있지만, 전혀 다른 환경에서 성장하게 된 농인들이 이처럼 다른 사고와 문화를 가지고 있는 것은 필연적인 결과라고 본다. 그동안 다수인 건청인 사회 속에서 소수인 농 사회와 문화는 외면당하고 있었다. 아니 존재조차도 인지되지 못한 상황이라고 보는 것이 타당할 것이다. 그러다 보니 상처받는 것이 두려운 농 사회 스스로가 더욱 굳건히 빗장을 잠그고, 구성원들 간에 강한 연대감을 형성하며 그들만의 울타리 안에서 생활해 왔다.

그러나 현재는 농 사회에 관심을 가진 건청인들의 숫자가 늘면서 수화 보급이 확대되고, 또한 장애인에 대한 사회의 인식이 변하면서 서로를 이해하려는 노력들이 늘어나고 있다. 물론 아직도 일부 건청인들이 농 사회와 문화를 병리학적 입장에서만 바라보고 있으나, 농인들은 자신들의 모임이 건청인 집단과는 다르다고 인식하며 자신들을 병리적 상태로 보려는 전통적인 농인에 대한 관점을 단호히 거부한다. 그러면서 농인들은 자신들을 언어적인 소수집단이라고 생각한다(CSD, 2002).

2002년 7월에 워싱턴에서 개최된 'Deaf Way Ⅱ'는 한국의 농인들과 농 분야 전문가들에게 농인으로서의 정체성과 농 공동체 및 농 문화에 대한 충격적인 도전과 새로운 인식을 심어주었다(이준우, 2003b).

우리나라는 한국수화, 농 사회와 문화를 문제시하고 낙인찍는 병리적 상황에 머무르고 있으나 미국을 비롯한 많은 나라에서는 또 하나의 사회문화적 현상으로 받아들여서 학술적으로 연구하고, 그 결과물들을 건청인 사회가 사회통합적 시각에서 수용하고 있다는 사실을 경험하게 된 것이다(이준우, 2003b).

이러한 'Deaf Way Ⅱ'를 계기로 한국의 농인 세계에서도 농인에 대한 새로운 관점에 급격하게 관심이 집중되고 있다. 이 때문에 수화를 사용하는 농인의 정체성에 대한 논의로 옮겨가고 있으며 이는 농 사회와 농 문화에 대한 다양한 조명이 시도되게끔 하고 있다(이준우, 2002; 이준우, 2004b).[1)]

---

1) 한국농아인협회, 청음회관, 교회를 비롯한 종교기관, 아름다운 손짓, 데프 TV, 한국수화학회 등과 같은 농인 관련 기관 및 단체에서 최근에 발간되는 회보와 각종 자료, 책자 등에서 다루어지는 내용의 대부분은 수화와 농 사회, 농 문화에 대한 것이다.

1) 농 사회(*Deaf Community*)

농 사회는 그 구성과 목적 그리고 조직에서 이민자 집단과 매우 흡사하다. 농 사회는 건청인 사회로부터 다소 동떨어져 있으면서 호혜적인 혜택과 즐거움을 위해 자신과 같은 처지에 있는 사람들로 구성되어 있다. 여기에는 몇 가지 이유가 있다.

첫째, 농이라는 상호 동류적인 장애를 가지고 있기 때문이며, 둘째, 상호 인정된 언어인 수화를 사용함으로써 가능해진 자유롭고 쉬운 의사소통 때문이다. 그리고 강력한 농 사회가 발달한 세 번째 이유는 성인 농인들이 자신과 같은 청각장애를 갖고 있는 사람과 함께 있는 것을 건청인과 함께 있는 것보다 더 편하게 여긴다는 점이다.

이 사실을 보여주는 한 가지 사례는 모든 성인 농인의 80% 이상이 같은 청각장애를 갖고 있는 농인과 결혼한다는 것이다(Gregory, Bishop & Sheldon, 1995; 이준우, 2004b). 이런 이유로 농인들은 건청인들과 섞이기를 꺼려하며, 농 사회를 형성해왔다. 이와 같은 농 사회를 구성하고 있는 주요 단체들에 대해 살펴보고자 한다.

(1) 농 학교

평양 맹아학교나 제생원이 사회의 음지에 파묻혀 많은 농인들을 집단 수용해 그들이 서로 간에 긴밀한 교제와 접촉을 유지할 수 있도록 발판을 마련했음을 쉽게 추론할 수 있다.

이렇게 농 학교에서 교육을 받고 있는 농 학생들이 수화를 상호 의사소통의 수단으로 활용함으로써 그들 간에 결속과 연대의식을 고취하게 되었으며, 궁극적으로 농인들의 권익을 대변하는 단체를 잉태하게 되었는데, 그것이 나중에 사단법인 일본농아협회 조선지부의 탄생으로 구체화되었다.

이처럼 농 학교는 농 사회의 모태로서의 역할을 한다는 점에서 농 학교가 농 사회에서 차지하는 비중은 무시할 수 없다고 할 수 있다.

농 학교를 졸업한 동문들이 모여서 동창회를 조직하여 자연스럽게 세력을 형성함으로써 농 학교뿐만 아니라 농 사회에 영향력을 행사하고 있다(강주해, 2002; 이준우, 2004b).

(2) 한국농아인협회

사단법인 일본농아협회 조선지부가 1935년에 창립하였지만 일본인들의 입김이 강해서 순수 한국 농인들만의 모임이라고 보기 힘든 면이 있었던 것이 사실이다. 다행히 1945년 8월 15일 해방이 되면서 한국 농인만으로 조직된 실질적인 한국농인협회가 탄생하였는데 그것이 바로 1946년 6월 1일에 창립한 조선농아협회이다.

그 후에 협회 명칭이 조선농아협회에서 대한농아협회, 그리고 한국농아협회로 여러 번 변경되는 우여곡절을 겪었으며 급기야는 박정희가 이끄는 5·16 군사정부에 의해서 협회가 해산되는 비운을 겪기도 하였다(계기훈, 1999; 이준우, 2004b).

후에 운보 김기창 협회장을 중심으로 1980년에 사단법인 한국농아복지회가 보사부(지금의 보건복지부)의 인가를 획득함으로써 한국 농 사회를 대표하는 명실상부한 농 단체를 재건하게 되었다(계기훈, 1999; 이준우, 2004b).

그 후 16년 동안 김기창 협회장이 한국농아복지회를 이끌면서 여러 가지 중요한 사업을 전개하여 한국 농인 복지의 수준을 향상시킨 공이 지대하였으나 한국농인복지회의 출현으로 정부에 불만을 느낀 대의원들의 선거 혁명으로 1996년 6월 29일 안세준이 협회장에 당선됨으로써 청음회관에서 분가하여 한국농아인협회라는 새 이름으로 출범하였다(한국농아인협회, 2001; 이준우, 2004b).

한국농아인협회는 현재 16개의 시·도 협회와 169개의 시·군 지부를 두고 전국 농아인의 권익과 복지향상을 위해 노력하고 있다. 또한 농인의 수화통역을 지원하기 위해 1998년부터 수화통역센터를 설치하기 시작해 2010년 9월 기준 176개소의 수화통역센터를 설치·운영하고 있다. 또한 한국농아인협회는 1997년부터 민간으로 수화통역사 시험을 실시해 수화통역사를 배출하기 시작하다가 2006년부터 국가공인을 받아 국가공인 수화통역사를 배출하고 있다.

(3) 농아인 복지관

의사소통의 어려움으로 일반 복지관의 프로그램을 이용할 수 없는 농인들을 위해 전국에 5개의 농아인 복지관이 설치·운영되고 있다. 물론 전국 23만여 명의 농인이 활용하기에는 터무니없이 부족한 숫자이지만, 농인을 대상으로 전문적인 서비스를 제공하는 우리나라의 대표적인 사회복지 기관이다.

현재 전국에 농아인 복지관은 서울의 청음회관, 시립 서대문 농아인 복지관, 삼성 소리샘 복지관이 있고, 대구의 대구 청각·언어장애인 복지관, 제주도의 제주도 농아인 복지관이 있다.

〈그림 8-1〉 시립서대문농아인 복지관

(4) 종교단체

그 다음으로 농인들만으로 결성된 전국적인 조직으로는 종교단체들을 들 수 있는데 그중 가장 두드러진 비중을 차지하고 있는 종교단체는 기독교(개신교) 계통이다. 사실 우리나라에 있는 여러 종교들 중에서 가장 먼저 농인들을 상대로 종교활동을 시작한 것은 개신교였다. 1946년 10월에 박윤삼 목사에 의해서 영락 교회 농아부가 설립되었고, 그것이 한국 농인 선교의 효시가 되었다(계기훈, 1999; 이준우, 2004b).

농인들을 상대로 선교 사역을 전개하고 있는 개신교 교단으로는 대한 예수교 장로회(합신개혁), 대한 예수교 장로회(통합), 대한 예수교 장로회(합동), 기독교 대한 감리회, 기독교 대한 하나님의 성회, 대한 기독교 나사렛성결회 그리고 미국에 본부를 두고 있는 WOI(*World Opportunity International*) 계통의 국제 특수선교회 등이 있다(이준우, 2004b).

1999년 3월 18일에 이들 교단 소속 농인 교회 및 농아부들이 연합하

〈그림 8-2〉 국내 최초이자 최대인 서울 영락 농인 교회 전경

여 초교파적 조직을 결성하였는데 명칭이 한국 기독교 농아 총연합회이다(강주해, 2002; 이준우, 2004b). 건청인 교회에 출석하여 수화통역을 통해서 건청인 목사의 설교를 듣는 농인 교인들이 있지만 대부분 같은 농인 목회자들이 직접 수화로 진행하는 설교를 선호하는 편이다.

이는 농인 목회자가 농인 교인들과 비슷한 성장과정을 겪었으며 같은 장애를 안고 있어 그들의 고충과 아픔을 보다 잘 이해하여 효율적이고 적절한 목회 방향을 설정할 수 있기 때문이다(한국 청각장애자 복지회, 1992; 이준우, 2004b).

가톨릭에서도 농인들을 대상으로 한 선교활동이 비교적 활발한 편인데 특히 독일인 수녀 카리타스(Caritas, 허애덕 수녀)가 기여한 바가 크다. 그녀는 농인들의 복지를 위해 무주택 농인들의 공동생활 터전인 수유리 공용 아파트를 건립하고, 무의탁 농인 노인들을 위한 양로시설을 설립하는 등 농인을 위한 사회복지사업에 눈부신 공을 남겼다(한국 청각장애자복지회, 1992; 이준우, 2004b).

불교도 뒤늦게 농인들을 상대로 포교를 시작하였으나 우리나라에 현존하는 종교들 중에 세가 가장 미약한 편이다(한국 청각장애자 복지회, 1992; 이준우, 2004b).

(5) 기타 단체

기타 단체로는 농인 미술인들에게만 회원 자격이 허용되는 순수 미술인 단체인 '농미회'(聾美會)가 있다. 그리고 체육과 관련이 있는 '한국 농아 체육인 협회'라는 조직도 있어 국제 농인 스포츠위원회(CISS)에서 4년마다 개최하는 세계 농인 체육대회에 선수단을 파견하고 있다. 또한 1997년부터 수화의 홍보와 보급을 위해 농인 문화정보지 《아름다운 손짓》을 발행하는 '사단법인 한국농인예술협회'가 있다(이준우, 2004b).

2) 농 문화(*Deaf Culture*)

문화란 상징에 의해 획득되어 전승되는 유형무형의 행동양식 또는 행동규범이 되는 다양한 형태에서 만들어지고, 그들에 의해 인공적 산물로 구상화되는 것도 포함해서 인간집단 특유의 것이 만들어지는 것이라 볼 수 있다.

이러한 관점은 현대의 대다수 사회과학자와 마찬가지로 문화의 무형적 측면 즉, 상징적이고 관념적인 측면을 강조하고 있는 것으로 근대화된 사회에서는 도구, 의류, 음식과 같은 유형의 것이 아니라 사상, 사고양식, 가치관, 상징, 인간의 생활 등과 같은 무형의 측면이 어떤 문화 집단과 다른 집단을 구별하는 기준이 된다는 것이다.

이러한 문화의 개념에서 본다면 우리 사회는 단일 민족, 단일 언어, 단일 문화라는 기존의 등식과는 달리 여성, 장애인, 종교집단, 독특한 방언을 갖고 있는 지방 문화 등의 부분 문화와 같은 다양한 문화가 존재하는 다문화 사회라고 할 수 있다(배성규, 2006).

이와 같은 문화 다원주의 관점에서 본다면 농 문화도 하나의 문화로 볼 수 있다. 예를 들어, 미국에서는 농인의 수화가 언어로 인정받아 가는 과정에서 농 사회를 언어적 소수자, 문화적 집단으로 간주하는 관점이 나타났다(배성규, 2006).

농인들은 청각 대신에 시각에 기초하는 독특한 '고유문화'를 가지고 는데, 이것을 '농 문화'라고 말한다. 이런 농 문화는 행동하는 것과 생각하는 것이 주로 시각에 의해 이루어진다(Lane, Hoffmeister & Bahan, 1996; 이준우, 2004b).

레인(Lane, 1988)에 의하면 문화란 어떤 지리적 단위 안에서 그 지역의 체제에 알맞게 형성된 사회화 유형을 말하는 것이며, 이 문화는 제각기 특유한 속성을 가진다. 그리고 그것은 다른 문화와 우열을 논할 수 없다. 그렇기 때문에 수화를 사용하는 집단의 사회문화가 음성언어를 사용하는 사회의 문화보다 열등하다고 말할 수 없으며 따라서 농인의 문화는 그 고유한 특성이 있는 그대로 인정되어야 한다(이준우, 2004b).

사실 청력이 없는 농인들이 소리가 없이 표현할 수 있는 예술인 미술 분야에서 뛰어난 능력을 발휘하는 것은 당연한 것이며, 얼굴표정이나 몸짓과 손짓 등을 활용하는 연극, 희극과 같은 공연에서 탁월한 표현력을 나타낼 수 있다. 그러나 청력을 필요로 하는 부분에서는 한계를 가질 수밖에 없다.

(1) 미술

미술은 시각적 형태로 아름다움을 창조하고 표현하는 행위인데 청력을 상실한 대신 시각적 감각이 발달한 농인들이 가장 자신 있어 하고 그들에게 적합한 예술의 한 형태가 바로 미술이라 할 수 있다. 운보 김기창 화백이 한국화 화단의 독보적 존재로 우뚝 설 수 있게 된 것은

〈그림 8-3〉 농미회 이영미 작가의 작품 '길'

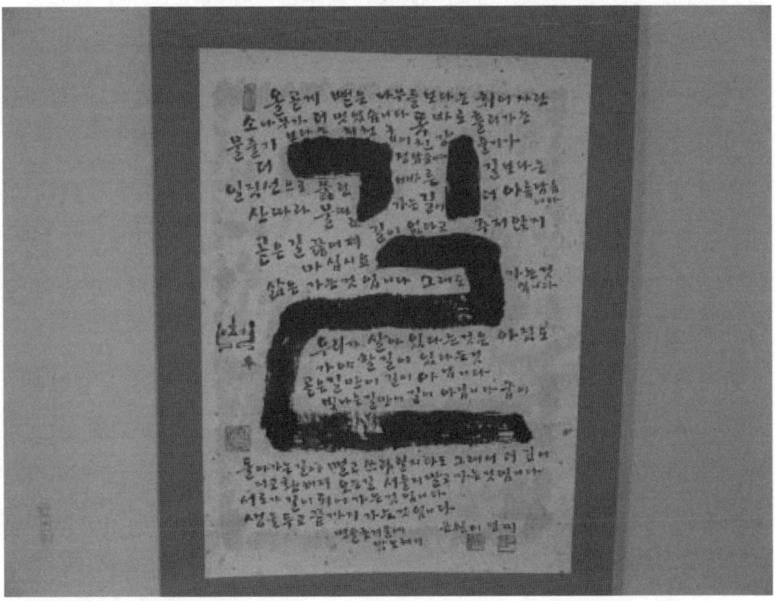

어쩌면 당연한 일인지 모른다. 이미 작고한 유남식 화백, 민병영 화백은 물론이거니와 현재 활약 중인 박상덕, 최일권 등 농인 화가들이 한국 화단에서 중견화가로 인정받고 있다.

특히 장애인 미술대전에서 대상은 물론이요 우수상, 장려상을 거의 휩쓸다시피 할 정도로 농인 화가들의 기량은 다른 장애인 화가들을 압도하고 있다. 전국 각지에서 활동 중인 농인 화가들만 해도 삼십여 명이 넘는다.

그러나 청각장애와 관련된 주제로 그림을 그리는 농인 화가가 별로 없는 실정이어서 앞으로 미술 분야가 농 문화의 기수로 부상되기 위해서는 농인과 관련된 주제를 과감하게 다루어야 할 것으로 보인다(이준우, 2004b).

(2) 연극

일찍이 정동섭이 1946년 6월에 조선농인협회 부회장에 당선되면서 재정을 확보하기 위하여 협회 직속으로 '벙어리극단'을 창단하여 스스로 단장에 취임하였다. 그는 자신이 연출한 〈남 모르는 사상〉(4장 5막)을 무대에 올려 관객들의 호평을 받는 데 성공하였으며, 이에 용기를 얻은 '벙어리극단'은 장안극장, 계림극장, 창경궁 야외극장 등지를 돌며 공연하기에 이르렀다.

그러나 정동섭은 1946년 12월 조선농아협회에서 탈퇴하여 '대한농아계몽협회'를 설립하여 스스로 회장이 되는 동시에, 주력 사업으로 '벙어리극단'을 운영해 전국을 돌며 공연을 하기로 결심하고 대전, 영남과 호남 지방에서 3개월간 공연하기도 했다.

연극배우들은 전원 농인들로 구성된 관계로 대사를 수화로 표현하고 건청인 변사(辯士)가 음성으로 대사를 낭독하는 형식으로 극을 진행시키는 것이었다. 연극 공연의 대상이 주로 수화를 전혀 모르는 건청인이었음에도 불구하고, 그들을 웃기고 울리고 했다는 것은 '벙어리극단'의 농인 단원들의 탁월한 연기가 아니면 상상할 수 없는 일이다. 그 당시

'벙어리극단'의 연극 공연 장면은 공보처에서 촬영한 영상뉴스인 〈해방뉴스〉 제10호에 수록되어 있다.

정동섭은 '벙어리극단'의 활성화를 위해 대한농아계몽협회를 창설할 정도로 연극에 강한 애착과 집념을 보여 이후에도 〈배 다른 형제〉, 〈붉은 기 땅에 떨어지는 날〉, 〈쓰라린 보상〉, 〈성좌도〉 등 모두 다섯 작품을 무대에 올렸다. 그러나 고질적인 자금 부족 때문에 농 문화의 기수라고 할 수 있는 '벙어리극단'은 마침내 해단하는 비운을 맞는다.

설상가상으로 반평생 연극에 미쳐있다시피 하던 정동섭이 숙환으로 별세하자 그 뒤를 이을 골수 농인 연극인이 나타나지 않는 바람에 농인들로 구성된 극단은 완전히 자취를 감추게 되었다(계기훈, 1999; 이준우, 2004b).

전국의 건청인 관객들을 상대로 공연하여 그들을 웃기고 울림으로써 농인 연극인들의 뛰어난 기량을 그들의 뇌리에 각인시키는 데 성공한 정동섭의 '벙어리극단'은 이제 하나의 전설과 신화로 아련히 기억되고 있을 뿐이다(강주해, 2002; 이준우, 2004b).

그 후 오랜 시간이 지나서 마침내 1987년에 한국농인복지회의 직속으로 '청음농아극단'이 창단되어 번역극 〈말없는 신의 자식들〉과 〈혼의 소리〉, 〈탈의 소리〉 등 창작극을 무대에 선보였다. 청음농아극단의 창단에는 '제3무대'의 대표인 정운의 역할과 주도가 큰 힘이 되었는데, 청음농아극단이 해산된 후에도 그는 자비로 농인 연극인들을 양성하여 〈침묵의 강〉, 〈아름다운 침묵〉 등을 계속 공연하는 집념을 보였다.

특히 정운이 연출한 〈혼의 소리〉는 백상예술대상 특별상, 동아연극상 특별상을 수상할 정도로 농인 연극인들이 혼신을 다해 전개했던 뛰어난 연기가 비평가들에게도 인정받았다(강주해, 2002; 이준우, 2004b).

농인에게는 어울리지 않을 성싶은 뮤지컬도 무대에 올렸는데, 1990년 대구 농인 교회에서 10여명의 청년 교인들을 중심으로 1년이 넘는 준비 과정을 거쳐 〈뮤지컬 인 가스펠〉을 공연하기에 이른 것이다. 춤과 수화 노래와 연극이 혼합된 뮤지컬 공연이기 때문에 농인 단원들은 안무가의 지도 아래 음의 고저에 따른 춤동작을 배우고, 박자 감각을 위해 스피커 앞에 앉아 소리의 진동을 몸으로 느끼거나 촉감으로 음을 식별하는 등 각고의 노력 끝에 올린 무대인지라 감회가 남다를 수밖에 없었다.

이렇게 농인의 뮤지컬에 대한 잠재적인 가능성을 입증한 것이 수확이라면 큰 수확이라 할 만한데 불행하게도 단원 확보와 자금 동원 등의 어려움 때문에 해체가 불가피했던 것이 큰 아쉬움으로 남는다. 그나마 1997년 12월에 주사랑 농아 교회에서 창단된 주사랑농아예술단이 뮤지컬 계통의 명맥을 잇고 있는 것을 불행 중 다행으로 평가하고 싶다(강주해, 2002; 이준우, 2004b).

(3) 음악

음악은 소리와 관련이 있기 때문에 청력을 상실한 농인들에게는 인연이 닿지 않는 예술 분야라고 할 수 있다. 그러나 이미 1957년에 김홍산이 '한국농아연주단'을 창단하여 청년 농아 남녀들을 모집해 훈련시킨 끝에 마린바, 실로폰, 기타, 피아노, 첼로, 드럼 등 여러 악기를 연주하여 일반 청중들의 경탄과 갈채와 감동을 불러일으키는 등 대성공을 거둔 예가 있었다.

한국농아연주단 역시 국내 공연을 수차례 가졌으며 이에 만족하지 않고 일본, 캐나다 등 외국 연주 공연을 성사시켜 많은 외국인들로부터 경탄과 격찬을 받기도 했다. 그러나 김홍산 단장의 횡포는 농인 단원들의 거센 반발을 불러왔고, 자랑스러운 한국농아연주단은 공중분해되고 만다(계기훈, 1999; 이준우, 2004b).

이후 농인들이 구사하는 수화로 노래를 부르는 방안이 일찍이 농인 교회에서 예배시간에 찬송가를 부를 때 시도되었는데 이것이 자랑스러운 농 문화의 한 단면으로 부각되었다 해도 과언이 아니다(강주해, 2002; 이준우, 2004b).

대구 영화학교 출신 농인들로 구성된 대구의 '소리예술단'의 수화 합창 공연은 수화 표현이 빚어내는 아름다운 율동적 성격 때문에 관객들을 매료시키고도 남았다. 인천농아인협회와 청음회관 등에서 해마다 주최하는 전국 수화 경연대회에서 많은 농인들과 건청인들이 아름다운 수화로 노래를 불러 수화 표현의 심미적 탁월성을 관객들에게 증명해 보이고 있는 것은 농 문화의 발전을 위해서 큰 의미가 있다(이준우, 2004b).

(4) 무용

무용은 삶의 경험과 감흥을 몸으로, 율동으로 표현하는 예술양식의 하나이다. 일찍이 서울농아학교에서 무용단을 창설하여 농 학생들에게 무용을 가르쳐 전국 학생 무용 경연대회에 수차례 참가하여 입상한 화려한 경력이 있었으니 소리를 듣지 못하는 농인에게 전혀 불가능한 예술 분야가 아닌 것만은 분명하다.

현재 강진희가 농인으로서 유일한 발레리나로 이름을 날리고 있지만 이미 '청음농아무용단'은 1990년대에 발족되어 초기부터 주로 고전 무용을 공연하고 있다.

원래 춤은 건청인이 시작한 예술이기 때문에 진정한 의미에서 농 문화로 자리매김하기에는 어려운 면이 있는 것이 사실이다. 앞으로 농 문화의 특색을 한 눈에 쉽게 인식할 수 있는 독특한 형태의 춤을 개발하려는 노력이 있어야 할 것이다(강주해, 2002; 이준우, 2004b).

(5) 출판

농인들은 청각장애 때문에 말을 배울 수 없어서 문장력이나 어휘력이 취약할 수밖에 없다. 그래서 농인 중에 소설가나 시인이 배출되지 않는 것은 이상한 일이 아닌 것이다. 다만 중도실청인 중에 시인이나 소설가로 활약하는 이도 있지만 그런 이들은 건청인 세계에서 성장하였기 때문에 농인과 관련된 소재로 글을 쓰는 문학가가 아직 없는 실정이다.

유명한 청각장애 시인으로는 박용수가 있는데 그는 농인 세계에서 성장하지 않아서 농 문화나 농 사회를 이해하고 향유하는 전형적인 농인이라고 보기 어렵다. 부산농아학교에서 교편을 잡다가 정년퇴임한 박병재와 현재 춘천 계성학교에서 교편을 잡고 있는 김영관은 논픽션 현상공모에 작품을 응모하여 입상한 경력이 있을 정도로 대단한 필력을 과시하고 있는데, 그들은 20대에 실청한 중도장애인이라는 공통점을 갖고 있는 것이 특징이다(강주해, 2002; 이준우, 2004b).

그러나 농인 중에 언론·출판 분야에 종사한 이들이 몇 명 있다. 우리나라 최초의 농인을 위한 잡지라 할 수 있는 〈침묵의 벗〉은 대한농아협회 문화부 기획 아래 창간하기로 하고, 인쇄에 들어가던 중 불행히 6·25 전쟁이 터지는 바람에 무산되었다가 안승준이 집념적으로 복간을 추진해 마침내 1959년 3월에 빛을 보게 됨으로써 한국 농인 언론·출판 역사의 새 지평을 열게 되었다.

그 후 몇 호 더 발행하다가 안승준 사장의 급서로 폐간하였으나 당시 편집기자로 활약하였던 최전영이 그때 잡지발행의 경험을 살려 〈한국 청각장애자 신보〉를 1976년 11월 30일에 한국 농아 사상 최초의 신문을 창간하였다(강주해, 2002; 이준우, 2004b).

변승일이 1990년 9월 〈전국 복지 월보〉를 창간하였으나 운영난으로 7년을 넘기지 못하고 폐간하였으며, 최전영의 사후에 김정환이 인수, 승계한 〈한국 청각장애자 신보〉가 한국 농아 언론의 보루를 지켜왔으나 이마저도 2000년 이후에는 발행되지 못하고 있다.

그러나 한국농아인협회나 농인 교회에서 발행하는 기관지는 꾸준히 지령을 이어나가고 있는데, 우리나라 최초의 농인 교회인 영락 농인 교회에서 〈에바다〉라는 기관지를 계간으로 20여 년 넘게 꾸준히 발행하고 있으며 그 외 몇몇 농인 교회에서 기관지를 발행하고 있다. 장로교가 중심축인 한국 농아 선교연합회에서 발행하는 〈한국 농아 선교회보〉가 있으며 감리교에서도 〈감농〉(監聾) 이라는 회보를 발행하고 있다.

한편 한국농아인복지회에서 1982년에 창간한 잡지 〈청음〉은 현재도 계간으로 꾸준히 발행하고 있으며, 한국 농 사회와 수화에 대한 집중적인 홍보를 통해 일반인들의 농인에 대한 인식 개선과 수어에 대한 관심 증진에 기여하기도 했다.

1996년에 청음회관에서 분가한 한국농아인협회에서도 〈열린 소리〉를 계간으로 내고 있으며 〈아름다운 손짓〉(1997년 11월 29일 창간)과 〈낮은 자의 행복〉(1998년 8월 창간)이라는 농인과 수화에 관심 있는 일반인 독자들을 겨냥한 잡지들이 발행되어 한동안 농 사회에 새바람을 일으키기도 하였다.

그러나 2000년대에 들어오면서 〈낮은 자의 행복〉이 운영난으로 폐간하고 〈아름다운 손짓〉은 2000년대 중반까지 지속적으로 출간되었다. 〈아름다운 손짓〉의 발행인인 변승일은 2003년에 사단법인 한국농인예술협회를 설립하여 청각장애를 갖고 살아가는 농인들의 생각과 마음속에 잠재되어 있는 예술적 기질을 표현예술로 승화시킬 수 있도록 그 능력을 발굴 육성하여 제2의 김기창과 같은 작가가 태어날 수 있도록 다채로운 사업을 수행하였다. 하지만 〈아름다운 손짓〉도 현재는 폐간된 상태이다. 다만 변승일은 한국농아인협회 회장으로서 지금도 농인의 복지와 권익을 위해 열정적으로 활동하고 있다.

그리고 김상화라는 젊고 의식 있는 건청인과 그의 뜻에 공감한 농청년들이 의기투합하여 설립한 인터넷 방송사인 'Deaf TV'와 정보습득의 어려움을 겪고 있는 농인들에게 정보화 시대를 대처할 수 있는 정보통신의 중요성을 알리며 건청인과의 활발한 정보교류를 이루기 위한 환경을 만들어 농인의 의사소통 문제를 해결하고자 설립된 다양한 서비스 센터로서의 '농아사회정보원'은 일반 건청인들에게 수화와 농 문화, 농 사회를 알리는 데 크게 기여하였다.

특히 인터넷 방송과 종합정보서비스센터라는 두 기관을 의욕적으로 운영했던 김상화의 노력은 젊고 유능한 농인들에게 정보화 시대의 주역이 되고자 하는 꿈과 희망을 심어주었다고 평가할 수 있다. 하지만 아쉽게도 김상화의 'Deaf TV'와 '농아사회정보원'도 운영난을 이기지 못하고 2003년에 문을 닫고 말았다(이준우, 2004b).

현재는 한국농아인협회 시·도 협회 및 시·군 지부를 비롯해 농인단체에서 발행하는 다양한 계간지들이 있으며, 한국농아인협회에서 운영하는 한국수화방송(DBN)이 Deaf TV의 뒤를 잇고 있다.

한편 농인이 저술한 책은 수화교재 외에는 전무하다시피 하다. 수화책으로는 손천식의 《백만인의 수화》(1984), 《우리들의 수화》(1983), 손원재의 《수화의 길잡이》(1988), 남순석의 《생활수화》(1990), 김영복과 황창호의 《현대인의 수화》(1991), 진홍장의 《열린 수화》(1998) 등이 있다. 강주해가 쓴 《농아인, 그는 누구인가?》(1988, 개정 2002)는 수필 형태로 된 책으로 농인에 대한 올바른 이해를 돕기 위한 목적으로 저술한 것이다. 강주해의 책은 수많은 건청인들이 수화통역사로 헌신하게끔 이끄는 데 큰 기여를 하였다. 이렇게 농인이 저술한 책이 많지 않은 이유는 농인은 장애의 성격상 문장력과 어휘력에 취약하다보니 책을 저술하는 데 상당한 한계가 있기 때문일 것이다(이준우, 2004b).

3. 농 정체성(*Deaf identity*)

지금까지 농 정체성에 관한 연구는 주로 미국에서 이루어졌는데, 이는 농 교육이나 사회복지 실천현장에서 농에 대한 병리적 관점을 극복하는 데 기여함으로써 서비스 이용자 중심의 농인 서비스를 실천하고, 이에 개입하는 데 상당한 역할을 했다. 특히 농 교육 분야에서는 수화를 배척하고 구화를 위주로 하던 풍토에서 수화의 중요성이 강조되게끔 하는 데 결정적 역할을 하였다(Andrews & Mason, 1986).

최근에는 수화를 하나의 완전한 언어로 인정하면서 농 학생이 수화와 음성언어를 동등하게 접할 수 있도록 하는 이중언어 접근이 농 교육현장에서 확산되고 있다. 이러한 현상도 농 정체성 연구를 통한 농 공동체와 문화에 대한 인식개선의 결과로 볼 수 있다(Anderson & Reilly, 1997).

더욱이 1990년대 후반 미국에서는 농 문화와 농인의 심리·사회적 정체성들이 농 청소년의 교육과 복지 발전에서 중요한 요인으로 인식되고, 특히 농 정체성은 농인의 심리·사회적 기능에 중요한 영향을

〈표 8-1〉 홀콤(Holcomb)의 농 정체성 7개 범주

구분	특징
균형적 이중문화 정체성	농인, 건청인 문화 모두 편안하게 느낌.
농인 중심의 이중문화 정체성	농 공동체와 관계를 갖지만, 건청인과도 잘 어울림.
청인 중심의 이중문화 정체성	농 공동체와 제한적으로 관계를 가짐.
문화적 분리 정체성	농인과의 교류를 선호하며 건청인과 제한적 관계를 가짐.
문화적 고립 정체성	구화 중심 생활을 하며, 수화를 배격함.
문화적 주변 정체성	청인, 농인 모두가 편안함을 느끼지 못함.
문화적 포로 정체성	농공동체와 농 문화를 접할 기회를 갖지 못함.

자료: 이준우(2004b), 《농인과 수화》, 인간과 복지, 44쪽.

끼친다는 연구결과들이 발표되고 있다(CSD, 2002). 우리나라에서도 이규식, 권순황, 김명희, 이준우, 최성규 등이 농 정체성에 대한 탐색적 연구를 하였다(이규식 · 권순황, 2002; 김명희, 2002; 이준우, 2003a; 최성규, 2005). 이러한 연구들은 농 정체성이 농 청소년의 심리 · 사회적 기능과 깊은 상관관계가 있음을 보여주고 있을 뿐만 아니라 농 청소년의 자립생활과 원만한 가정생활을 수행하는 데 중요한 요인이 됨을 밝히고 있다(Fischer, 1998).

이러한 농 정체성을 간략하게 정의해 보면, 농 정체성이란 사회문화적 관점에서 농인을 소수집단으로 이해하고 이들이 자신들의 언어와 문화를 포함하고 있는 농인 집단에 대해 갖는 일체감이라고 할 수 있다(Lucas & Valli, 1989).

농인의 농 정체성에 대한 연구는 여러 연구자에 의해 이루어지고 있다. 홀콤(Holcomb, 1997)은 농 정체성 형성에서 농 공동체나 수화에 대한 노출을 매우 중요한 요인으로 보고, 농 정체성을 균형적 이중 문화 정체성, 농인 중심의 이중문화 정체성, 건청인 중심의 이중문화 정체성, 문화적 분리 정체성, 문화적 고립 정체성, 문화적 주변 정체성, 문화적 포로 정체성과 같이 7개 범주로 구분하였다.

이 밖에도 와인버그(Weinberg)와 스테릿(Sterritt)은 농인 정체성, 건청인 중심 정체성, 이중 정체성으로 구분하고 있으며(Weinberg &

〈표 8-2〉 피셔(Fischer)와 글릭맨(Glickman)의 농 정체성 유형

구분	준거집단	농에 대한 시각	농 사회에 대한 시각	정서적 특징
청인 중심 정체성	청인 (*Hearing*)	병리적	전형적	절망, 우울
주변 정체성	유동적 (*Switches*)	유동적	좋은 것 혹은 나쁜 것으로 변화	혼란, 갈등
몰입 정체성	농인(*Deaf*)	문화적	긍정적 비상호교환적	청인에 대한 분노/ 농인에 대한 사랑
이중문화 정체성	농인(*Deaf*)	문화적	긍정적 개인적 통합적	자아수용, 농인 집단에 대한 자부심

자료: 이준우(2004b), 《농인과 수화》, 인간과 복지, 44쪽.

Sterritt, 1986), 맥스웰(Maxwell)은 농인 정체성과 건청인 중심 정체성으로 구분하고 있다(Maxwell, 1990). 특히 와인버그와 스테릿은 건청인 중심 정체성을 가진 농인보다 이중 정체성을 가진 농인이 타인에 대해 관대한 수용적 행위나 사회적 변화를 추구하는 경향이 있다고 하였다.

농 정체성을 단순하면서도 쉽게 이해되도록 잘 설명해준 사람은 글릭맨(Glickman)이다. 글릭맨은 수(Sue)의 'Minority Identity Development'(소수 집단의 정체성 개발) 이론의 틀을 빌려와 농 정체성 발달(*deaf identity development*) 이론을 만들었다.

농 정체성 이론은 앞에서도 언급한 것과 같이 농인이 농 문화와 농 사회에 대하여 어떻게 동일시하는지 혹은 하지 않는지에 대해 공식적으로 개념화하고 정의하는 방식으로 이해할 수 있다. 이 이론에서는 농인의 정체성을 문화적인 관점에서 네 유형으로 구분하고 있으며, 앞서 살펴본 여러 학자들의 개념을 종합적으로 잘 정리하고 있어 농 정체성을 쉽게 이해할 수 있게끔 해준다(Glickman, 1993).

1) 건청인 중심 정체성(*Hearing Identity*)

이것은 병리적 관점에서 농을 이해하는 정체성으로서 농인은 건청인

에 비해 낮은 지적 능력을 가지고 있고, 상대적으로 건강하지 못하며, 사회생활에서도 미흡한 것으로 이해한다(Glickman, 1993). 이러한 정체성을 가진 농인은 건청인의 삶의 양식을 따라가려는 경향이 많이 나타나는데 여기에서 농인은 건청인 중심 사회로의 이동이 사회적 성공이며 나아가 장애를 극복하는 것으로 이해한다(Fischer, 1998).

2) 주변 정체성(*Marginal Identity*)

이 유형의 정체성을 가진 사람은 자신의 농에 대해 혼돈과 양가감정(兩價感情)의 특징을 많이 나타내고, 의사소통 측면에서 국어, 수화 모두 미흡한 특징을 가지고 있다. 그리고 농 사회나 건청인 사회 모두에서 부적응하는 경향을 보인다. 또한 농인 또는 건청인 누구와도 깊은 인간관계를 형성하고 유지하는 데 어려움이 있다. 따라서 농 사회와 건청인 사회 중 어디에 소속감을 가져야 하는지를 알지 못하고 소속감을 갖는 준거집단을 자주 바꾸는 특성을 보인다(Glickman, 1993).

3) 몰입 정체성(*Immersion Identity*)

이 정체성은 농 문화와 건청인 문화를 분명하게 구분하고 두 문화 중에서 농 문화와 농을 강조하는 단계이다. 이 정체성에 머무는 농인들은 건청인 세계의 가치를 낮게 평가하는 대신 농 세계는 이상적인 것으로 여긴다. 건청인 중심 정체성을 가진 사람들과 달리 몰입 정체성을 가진 사람들은 농(듣지 못함)을 치료받아야 하는 장애의 개념이 아니라 문화적 차이로서 강조한다.

농인은 항상 옳고 건청인은 옳지 않다는 사고나 태도가 몸에 깊이 배어 있다. 따라서 건청인은 불공정하다고 인식하며, 건청인들에게 항상 대응할 준비를 하고 있다. 그리고 그들의 가치는 주로 건청인들의 가치와 반대로 나타난다. 즉 수화가 음성언어보다 더 우위에 있다거나, 농인들은 오직 농 학교에서 특수교육을 받아야 한다거나, 농 학생에 대한 교육이나 상담은 농인에 의해 이루어져야 한다고 생각하는 것이다. 그리고 수화를 하면서 말을 동시에 하는 것은 필요하지 않다고 강조한다. 건청인 세계에 대한 분노가 있으며, 이 분노는 이중문화 정체성에 도달하면 감소하게 된다(Glickman, 1993).

4) 이중문화 정체성(*Bicultural Identity*)

이 정체성을 가진 농인은 농을 문화적 차이로서 인식하며, 건청인 문화와 농 문화를 함께 존중하고, 두 문화의 강점과 약점을 모두 인식하는 특징을 갖는다. 몰입 정체성에서 나타나는 건청인 사회에 대한 분노는 없으며, 오히려 이들과 함께 어울리는 문화를 지향한다. 따라서 수화와 국어를 함께 존중하며 의사소통을 할 때 두 가지 방법을 동시에 사용한다. 그리고 이중문화 정체성을 가진 사람들은 '농'에 대해 균형적인 시각을 가지고 있다(Glickman, 1993).

이상과 같이 청각장애를 갖고 있는 농인을 병리적으로가 아니라 사회문화적으로 보려고 하는 경향이 우리나라에서도 서서히 정착되고 있다. 따라서 농인은 단순히 청각 손실에 의한 장애인이 아니다. 농인은 수화를 사용하는 언어적 · 문화적 소수 집단이다. 음성언어 중심의 주류사회에서 소수 집단의 일원으로 살아가야 하기 때문에 농인은 여러 가지 사회부적응 문제를 만나게 된다.

이러한 사회부적응 문제가 바로 농인이 경험하는 어려움의 본질이다. 농인이 겪게 되는 다양한 문제들은 농 정체성 형성에도 크게 영향을 미치게 된다. 그러므로 수화통역사의 사명 중 하나는 농인들이 '장애인'이 아닌 '농인'으로서의 자긍심을 갖고, 이 사회에서 당당하게 살아갈 수 있도록 옹호하고 지원하는 것이다.

제 9 장

농인의 여가 및 스포츠에는 어떠한 것들이 있는가?

인간이 행복한 삶을 누리기 위해서는 물질적 욕구와 더불어 정신적 욕구도 충족되어야 한다. 따라서 산업의 발달로 풍족한 삶을 누릴 수 있게 된 현대인들은 여가 및 스포츠에 관심을 갖기 시작했다.

사람들은 여가 및 스포츠 활동을 통해 노동으로 지친 육체의 피로를 회복하고, 스트레스를 해소하며, 다른 사람과의 관계 속에서 자연스럽게 사회적 역할을 학습하게 되어 조화로운 인간관계 형성 기술을 습득하는 과정 속에서 자아실현을 이루어 삶의 만족도를 높이고자 한다(채준안 · 이준우, 2007).

일반적으로 장애인들을 여가 및 스포츠 활동을 하지 못하는 존재라고 인식하는 경향이 있다. 그러나 어느 누구보다 장애인들에게 이러한 다양한 활동을 할 수 있는 환경을 제공할 필요가 있다. 이들 활동을 통해 장애인들은 신체적 기능의 퇴화를 방지하는 것은 물론 대인관계의 확대, 열등감 해소, 정서적 안정, 성취감 등의 감정을 얻게 되고, 장애 극복을 기대할 수 있다.

실제로 농인들의 경우 일상에서 의사소통의 어려움으로 인해 쌓인 스트레스를 여가활동 및 스포츠 활동을 통해 분출하게 된다. 중요한 사실은 농인들도 건청인 못지않게 여가와 스포츠를 즐길 수 있고, 즐긴다는 것이다. 물론 여가와 스포츠를 건청인들과는 조금 다른 모습으로 하게 될 경우는 있다고 본다.

그러므로 이번 장에서는 농인들의 여가 및 농인들의 여가생활과 깊이 관련된 미디어에 대해 살펴보고, 농인들이 즐기는 스포츠 활동에 대해서도 구체적으로 살펴보고자 한다.

1. 농인의 여가

여가의 어원은 웹스터 사전에 따르면 'leisure'로 이 단어는 자유라는 의미를 지닌 라틴어 'licere'에서 유래했다고 한다. 이 'licere'라는 말은 '구속받지 않은, 강제되지 않은, 평화로운'이란 의미가 있어서, 여가는 자신의 의지에 따라서 평화롭게 활동하는 것을 의미한다고 여겨진다(이장영 외, 2004).

즉, 여가활동은 개인의 자유로운 선택활동으로 모든 사람들이 누릴 수 있는 권리이자 자아실현과 개인적·사회적인 성장의 기회로 현대사회에서는 없어서는 안 될 활동이다.

현대는 쉬지 않고 일하는 일 중심의 사회에서 자신의 시간을 여러 사람들과 함께 좋아하는 활동을 통해 행복하고 즐거움을 느끼는 여가 중심의 사회로 변화하고 있다. 노는 것, 쉬는 것, 재미라는 것은 모두 우리가 살아가면서 자연스럽게 경험하는 것이기도 하고 누구나 추구하는 것이다(강효주, 2008).

그러나 과거 농인들은 농 학교에서 그들만의 농 문화를 공유하며, 농 문화 안에서 자신의 자아개념, 정체성 등을 확립하며 성장해 왔다. 그러한 농 문화에 익숙한 농인들은 건청인들과의 통합적 환경에서 문화적으로 이질감을 느끼게 되어 통합에 대한 기대보다는 그러한 환경에서 다른 사람들에 의해 자연스럽게 또는 자기 스스로를 배제시킴으로써 건청인들과의 원활한 통합이 이뤄질 수 없게 하기도 한다. 그러다 보니 가장 서로에 대해 차이를 덜 느끼면서도 서로를 쉽게 수용할 수 있는 기회를 제공하는 여가활동에서도 그들만의 문화 안에서 모든 것을 해결하려는 경향이 있었다(강효주, 2008).

아직까지 이러한 경향이 완전히 사라졌다고는 할 수 없으나 수화 보급이 확대되고, 수화통역센터가 전국적으로 설치·운영되면서 건청인들의 인식변화와 더불어 의사소통의 길이 열리고, 농인들도 건청인들과 함께 여가를 즐길 수 있는 기회가 많아졌다.

'2008년도 장애인 실태조사'에 따르면 농인들이 즐기는 문화 및 여가활동은 TV 시청 및 비디오 시청이 35%로, 대다수의 농인들이 여가시간에 주로 TV를 시청하고 있었으며, 휴식 18.6%, 종교활동 12.3%, 가사 10.9%, 사교 관련 일 6.7%, 스포츠 활동 4.0%, 창작적 취미 2,8%, 여행 2.4%, 컴퓨터 게임 및 인터넷 검색 등 2.0%, 자기계발 0.5%, 봉사활동 0.5%, 기타 4.3%로 나타났다.

그런데 이들 중 22.8%만이 여가활동에 만족한다고 대답하고 있어, 농인들이 제대로 여가활동을 즐기지 못하는 실정임을 알 수 있다(보건복지부·한국보건사회연구원, 2009).

앞에서 살펴본 것과 같이 농인들이 가장 많이 하는 여가활동 중 하나가 TV 시청이다. 과거 자막이나 수화통역이 전혀 없던 시대에는 같이 TV를 보던 가족들이 웃으면 왜 웃는지 이해할 수 없어 화가 나고 소외감을 느꼈으나 지금은 함께 즐길 수 있고, 왜 웃는지 이해할 수 있게 되었다.

그러나 문제는 자막이 24시간 계속 나오지 않고 한정된 시간에만 나온다는 것이다. 물론 2008년 4월부터 시행된 '장애인 차별금지법'으로 인해 자막방송 및 수화통역이 늘어나기는 하였으나, 빠르게 지나가는 자막, 오타, 대사를 빼먹는 등의 오류, 너무 작아서 보이지도 않는 수화통역 등은 향후 지속적으로 개선되어야 할 것으로 본다.

대부분의 사람들은 여가 시간에 보통 친구를 만나 영화를 보고, 식사를 하고, 커피숍에 가 차를 마시며 이야기를 한다. 너무도 당연시하며 아무 불편 없이 생활하는 일상이지만 농인에게는 곳곳에 어려움이 있다.

먼저 친구와 영화관에 가서 표를 살 때부터 선택에 제한이 따른다. 농인들은 주로 외국영화만을 본다. 음향효과나 대사를 들을 수 없다는 제약 이외에도 한국영화의 경우 수화통역이나 자막이 없어 내용을 파악하기가 어렵다는 것이다. 〈괴물〉, 〈왕의 남자〉, 〈실미도〉, 〈태극기 휘날리며〉, 〈해운대〉와 같은 관객 천만을 넘는 한국영화들을 보고 싶어도 볼 수 없다는 것이다.

또한 농인들의 경우 일반 식당이나 커피숍에서 주문할 때 필담을 필요로 하는 어려움도 있지만, 특히 직원을 불러야 할 상황이 벌어지면 크게 당황하게 된다. 때문에 테이블에 호출 벨이 있는 식당을 선호한다.

이러한 어려움과 더불어 요즘은 사람들의 인식이 많이 바뀌기는 하였으나, 여전히 수화로 이야기하면 이상하게 바라보는 건청인들의 시선 때문에 오래 앉아 이야기할 수 없는 경우가 빈번하다. 그러다 보니 자연스럽게 농인들이 마음 놓고 친구들과 이야기할 수 있는 공간에 대한 욕구가 생기고, 이로 인해 생겨난 것이 농아인 휴게실(구락부)이다.

농아인 휴게실(구락부)은 일본의 '농아인 클럽'을 본떠서 만든 사설 '농아 구락부'에서 처음 출발하였다. 여가를 즐길 만한 곳이 없었던 농인들이 이곳에 가면 쉽게 다른 농인들을 만나 교류할 수 있고, 오락을 즐길 수 있어, 1990년대 후반까지 많은 농인들이 이용하였다. 그러나 구락부는 그 불건전성[1]으로 인해 지탄의 대상이 되기도 하였다. 지금은 운영상의 어려움으로 상당수 구락부들이 폐업을 하고 있다.

그렇다고 농인들의 공간에 대한 욕구가 사라진 것은 아니다. 농아인 휴게실(구락부)을 대신하고자 하는 건전하고 창의적인 소통과 나눔의 공간들이 생겨나고 있다. 그 예로 '수화 사랑 카페'를 들 수 있다.

---

1) 많은 구락부가 술과 화투 등을 중심으로 교류하는 형태여서 상당한 문제들이 발생하였다.

〈그림 9-1〉 수화 사랑 카페

〈그림 9-2〉 농인 교회의 예배 모습

2005년 8월 서울시 종로3가에 농인들의 문화생활을 위한 공간인 '수화 사랑 카페'가 문을 열었다. 수화 뮤지컬, 발레, 재즈 등 다양한 공연을 통해 농인들뿐만 아니라 농인들과 함께하고자 하는 건청인들에게 교류의 장을 제공하고 있다.

한편, 농인들이 세 번째로 많이 하고 있는 여가활동이 종교활동이다. 장애 특성상 종교적 열망보다는 주로 교제와 친목도모의 목적을 띠고 있기는 하지만 종교활동을 통해 모임과 교제가 지속되고 정보를 공유하게 된다(이미연, 2005).

2. 농인과 미디어

미디어는 기준을 어떻게 적용하느냐에 따라 다양하게 구분된다. 그러나 일반적으로 미디어는 크게 인쇄미디어와 통신미디어로 구분된다. 인쇄미디어는 인쇄물에 의한 미디어를 말하며 통신미디어는 유·무선의 통신을 통해 전달되는 매체를 의미한다. 대표적인 인쇄미디어는 신문과 잡지, 도서이며 통신의 대표적인 미디어는 TV와 라디오, 인터넷이다(황성근, 2007).

최근 들어서는 뉴 미디어란 표현이 상당히 많이 사용되고 있다. 뉴 미디어는 미디어의 환경이 날로 급변하면서 생겨난 새로운 미디어를 의미한다. 뉴 미디어는 올드 미디어에 대한 대립적인 개념으로 사용되는데 올드 미디어는 인쇄미디어의 신문과 잡지, 도서와 통신미디어의 TV와 라디오가 해당된다.

뉴 미디어는 바로 웹 미디어를 의미한다. 웹 미디어는 인터넷상의 미디어를 말하며 인터넷 신문이나 인터넷 잡지를 일컫는다. 물론 뉴 미디어에는 HD TV나 위성방송도 해당된다. 그러나 이들 미디어는 기존 올드 미디어의 기술적인 혁신을 통해 이루어진 케이스다. 그래서 흔히 뉴 미디어라고 하면 웹 미디어를 대표적으로 꼽는다(황성근, 2007).

우리는 각종 미디어에 둘러싸여 있다. 라디오와 TV, 신문, 잡지, 영화, 음악 등에 빠져 하루하루를 살고 있는 것을 보면 우리가 얼마나 많은 시간을 미디어에 투자하고 있는지 알 수 있다. 20세기 초에 등장한 미디어는 인류 역사상 인간이 일찍이 겪어보지 못했던 엄청난 일들을 체험하게 만들었지만, 오늘날 우리는 미디어와 너무 친숙한 나머지 미디어와 접하는 것을 아주 당연하게 생각한다. 미디어를 마치 공기처럼 여기는 것이다.

미디어가 얼마나 중요한지 알려면 미디어가 없는 일상생활을 상상해 보면 된다. TV도, 영화도, 음악도 없는 세상 그리고 책도 잡지도 신문도 없는 세상을 상상해 보라. 왜냐하면 신문이나 TV, 잡지, 책 등에서 우리가 살고 있는 지역과 그 밖의 다른 지역에서 무엇이 일어나는지 알려주지 않기 때문이다(김상화, 2001).

오늘날 미디어의 중요성을 간과하기는 어려울 것이다. 안방의 사생활로부터 대통령 후보들의 토론회에 이르기까지 미디어는 우리 사회의 많은 요소들을 연결시켜주는 정보 네트워크를 제공한다. 우리는 정부가 하는 일을 직접 경험을 통해서 알기보다는 미디어의 뉴스를 통해 얻는 경우가 더 많다. 미디어를 통해 우리가 얻고 싶은 것을 알게 될 뿐만 아니라 우리 주변에서 어떻게 정치가 이루어지고 있는가를 알게 된다. 미디어가 생기기 이전에는 군중들이 몰려 있는 장소에서 정치적 토론이 벌어지게 마련이었다. 그러나 오늘날에는 정치행사에 참여하기보다는 집안에서 정치토론에 대한 뉴스를 읽거나 본다. 이와 같이 현대사회에서 개인의 사생활과 그들의 사회적 관계를 가장 빈번하게 연결시켜주는 것이 미디어이다(김상화, 2001).

농인들이 즐기는 여가 중에서도 TV 시청이나 컴퓨터 게임, 영화 보기 등 상당수가 미디어와 관련된 것들이다. 그러나 앞에서 언급한 것과 같이 자막이나 수화통역의 부재, 방송 속도와 맞지 않아 화면이 바뀌었는데도 그전 내용을 설명하는 늦은 자막이나 수화, 자막이 없는 한국영화 등과 같이 불편함을 겪고 있다.

〈그림 9-3〉 한국 농아 방송 홈페이지

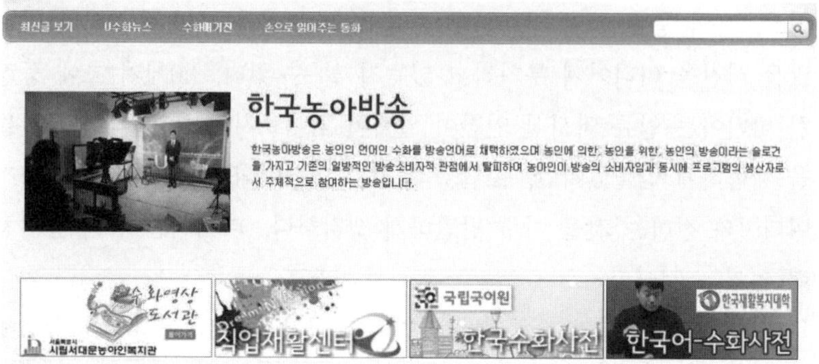

또한 농인들에게 음성매체인 라디오는 무용지물이며, 신문과 잡지, 도서 등과 같은 인쇄미디어는 앞서 제3장에서 언급한 것과 같이 많은 농인들이 어휘가 부족하여 읽는 것을 꺼려한다. 인터넷 또한 문자언어에 기반을 둔 것이므로 농인들이 정보를 습득하는 데 사용하기에 어려우므로 역시 질적 한계가 나타날 수밖에 없다(이정란, 2005). 이러한 어려움과 불편을 해소하고자 하는 욕구에서 나온 것이 바로 '한국농아방송'이다.

한국농아방송은 농인을 위한 전문 인터넷 방송으로서 기획에서 촬영, 편집까지 농인 제작팀이 제작한다. 모든 방송프로그램에서는 농인 진행자가 수화를 기본적인 방송언어로 사용하며 출연진들도 농인으로만 구성된다.

또한 농인들이 무슨 프로그램을 원하는지 확인하고, 그들의 기호에 맞추어 방송을 제작한다. 따라서 기존의 공중파 방송 매체에서는 볼 수 없었던 농인들만의 프로그램을 통해 그들도 재미를 느낄 수 있게 되었다. 방송 프로그램에 건청인들의 음성이 삽입된 부분에 대해서는 보조적인 자막을 넣어 처리함으로써 음성내용도 파악할 수 있게 해 농인들이 방송을 시청하는 데 애로 사항을 거의 느끼지 않는다(김상화, 2001).

이처럼 뉴 미디어를 활용할 경우 농인도 충분히 정보를 효율적으로 제공하고 획득해 다양한 지식을 쌓아나갈 수 있다. 따라서 인쇄미디어에 얽매이지 않고, 농인의 입장에서 뉴 미디어를 적극적으로 활용하고 발전시켜 나간다면, 농인들이 좀더 만족스러운 문화 및 여가생활을 향유할 수 있을 것이다.

3. 농인과 스포츠

일상적인 삶 속에서 수행되는 장애인 생활 스포츠의 기능과 그에 대한 역할은 매우 중요하다. 장애인이든 비장애인이든 모든 인간은 심신의 정서적·사회적 발달, 건전한 성장발달, 활동능력의 향상, 여가선용, 질병에 대한 저항력의 증진, 노화방지, 건강의 증진 및 체력육성을 위한 운동 등을 할 수 있는 권리가 보장되어야 한다.

이에 생활 스포츠를 통하여 보다 많은 신체활동의 기회를 장애인들에게 제공함으로써 즐겁게 활동하는 동안 다양한 측면에서의 그들의 발달증진을 도모하고, 신체적·정신적·사회적 건강에 기여할 수 있으며, 결과적으로 자기적응력을 향상시켜 일상생활에서의 자신감과 자기존중감을 가질 수 있게 한다(김종인·우주형·이준우, 2010).

자신의 의사를 충분히 표현하기 힘든 농인들의 경우 다른 어떤 활동보다 스포츠 활동을 선호하고 스포츠를 통해 스트레스를 푼다. 농인들은 스포츠를 즐기는 데 큰 제약이 없으며 주로 축구, 탁구, 배드민턴, 야구, 볼링, 농구, 수영, 태권도 등을 즐긴다. 또한 비용이 비싸서 부담스러워 하기는 하나 물속에서 자유롭게 수화로 대화할 수 있어 스킨스쿠버를 즐기기도 한다.

농인의 체육 활성화를 위해 세워진 대한 농아인 체육 연맹은 1982년 한국 농아인 체육회로 설립되어 제 1회 전국 농아인 축구대회 개최를 기점으로 매년 전국 농아인 축구대회를 개최함은 물론 2004년부터는 매년 전국 농아인 체육대회 개최 등을 통해 농아인의 사회통합을 위해 노력하고 있다.

또한 아시아・태평양 농아인 체육대회, 농아인 올림픽, 각 종목별 세계 농아인 선수권대회에 참가하는 등 농인 체육발전을 위해 노력하고 있으며, 2005년 대한 장애인 체육회가 설립된 이후 가맹단체로 등록해 활동하고 있다.

1) 농아인 올림픽(*Deaflympics*)

농아인 올림픽은 국제올림픽위원회(IOC)가 공인한 대회로 'deaf'(청각장애)와 'olympic'(올림픽)을 합쳐 'deaflympic'이라고 하며 4년 주기로 개최된다. 1924년 프랑스 파리에서 제1회 대회가 시작되어 1997년 덴마크 코펜하겐에서 제18회 대회까지 세계 농아인 체육대회(World Games for the Deaf)로 불렸으나, 2001년 로마 대회에서부터 농아인 올림픽(*deaflympic*)이라는 명칭을 사용하고 있다. 2017년 터키 삼순 대회까지 23회가 개최되었으며, 2021년에는 24회 대회가 개최될 예정이다.

〈그림 9-4〉 제21회 농아인 올림픽 개막식

농아인 올림픽은 1960년에 시작된 장애인 올림픽(*Paralympic*)보다 오랜 역사를 가지고 있다. 1924년 8월 26일 파리에서 제1회 대회 참가국 대표자들이 모여 국제 농아 스포츠위원회(CISS: Comite International des Sorts des Sound)를 결성하고, 세계 농아인 체육대회를 운영·관리하는 공식기구로서 농아 체육활동을 주관하게 되었다.

종목은 육상, 축구, 볼링, 탁구, 태권도, 배드민턴, 수영 등 총 19개로 진행되며, 일반 올림픽과 큰 차이가 없으나, 경기진행에서 소리가 아닌 깃발 혹은 전광판 등을 이용한다는 특징이 있다.

우리나라는 1984년 6월 1일 네덜란드에서 개최된 집행위원회에서 정식회원국으로 가입한 이후, 1985년 미국 로스앤젤레스에서 개최된 제15회 대회부터 참가하였으며, 제18회 대회에서 처음으로 남자 육상과 여자 배드민턴 단식에서 각각 동메달을 획득하며 38위를 하였다.

이후 제19회 로마 대회에서는 금메달 4개, 은메달 4개, 동메달 4개로 11위를 기록했고, 제20회 멜버른 대회에서는 금메달 7개, 은메달 4개, 동메달 3개로 7위를 기록하는 등, 계속해서 발전된 성적을 거두고 있다. 가장 최근인 2017년 열린 제23회 삼순 대회에서는 금메달 18개, 은메달 20개, 동메달 14개로 종합순위 3위라는 역대 최대의 성과를 거두었다.

2) 동계 농아인 올림픽

동계 농아인 올림픽은 1949년 오스트리아의 시필드에서 제1회 대회가 개최된 이래 제17회 대회가 2011년 슬로바키아에서 개최되어야 하나 개최되지 못하고, 2015년 러시아 한티만시스크에서 제17회 대회가 개최되었다. 종목은 알파인 스키, 크로스컨트리, 컬링, 아이스하키, 스노보드 등으로, 우리나라는 2015년 제17회 한티만시스크 대회에 처음으로 알파인 스키, 크로스컨트리, 컬링 3종목에 43명이 참가했으나, 노메달에 그쳤다.

3) 아시아 · 태평양 농아인 경기대회(APDSC)

아시아 · 태평양 농아인 경기대회는 아시아 · 태평양 농아인 스포츠 연맹(Asia Pacific Deaf Sports Confederation)의 주관으로 1984년 홍콩에서 6개국이 참가한 가운데 제1회 대회가 개최되었다. 1986년 도쿄에서 제2회 대회가 개최되었으며, 1988년 멜버른에서 제3회 대회가 개최되었다.

이때까지는 축구 한 종목만을 진행했고, 1992년 서울에서 개최된 제4회 대회에서부터 종목을 늘리기 시작해 축구와 탁구 경기를 진행하였으며, 10개국이 참가해 경쟁하였다. 또한 기존에 2년 주기로 개최하던 것을 이때부터 4년 주기로 개최하기 시작했다.

1996년 말레이시아의 쿠알라룸푸르에서 열린 제5회 대회에서는 16개국이 참가해 축구, 탁구, 육상, 배드민턴 경기를 진행했으며, 2000년 타이완의 타이베이에서 열린 제6회 대회에는 19개국이 참가하여 기존의 축구, 탁구, 육상, 배드민턴 경기에 농구, 수영, 볼링, 배구를 추가해 8개 종목을 진행하였다.

2004년에 개최되어야 할 제7회 대회는 걸프전의 여파로 개최되지 못하였으며, 2008년 쿠웨이트에서 개최하기로 하였으나 쿠웨이트 농아인 체육연맹의 내부 갈등으로 또다시 개최되지 못하면서, 이로 인해 쿠웨이트는 국제 대회에 참여를 제한당하는 등 국제적 제재를 받았다.

이후 제7회 대회는 2012년 대한민국 서울에서 개최되었으며, 23개국 1,500여 명의 선수가 참가하여 육상, 배드민턴, 농구, 볼링, 사이클, 축구, 풋살, 배구, 유도, 수영, 탁구, 태권도, 테니스와 시범종목인 야구까지 총 14개 종목을 진행하였다. 이 대회에서 개최국인 우리나라는 13개 종목에 188명이 참가하여 종합 3위를 기록했다.

제8회 대회는 2015년 대만의 타오위안에서 개최되었으며, 육상, 배드민턴, 농구, 볼링, 사이클, 축구, 풋살, 유도, 수영, 탁구, 태권도, 테니스 12개 종목에 30개국 1,000여 명의 선수가 참가하였다. 대한민

국은 8개 종목에 총 123명의 선수단이 참가하여 금메달 5개, 은메달 12개, 동메달 11개를 획득하여 종합 4위를 기록했다.

4) 향후 전망과 과제

이상에서 살펴본 농인의 스포츠 활동은 매우 다양하면서도 전문화되었다고 본다. 하지만 보다 많은 농인들이 사회적인 활동과 여가생활의 하나로 스포츠를 즐기고 누릴 수 있도록 농인들에게 널리 스포츠를 보급해야 할 것이다.

물론 농아인 체육대회와 같은 전문화된 스포츠 활동도 중요하지만 우리에게 보다 더 필요한 것은 더 많은 농인들이 건청인들이 경험하는 거의 대부분의 스포츠를 청각장애라는 이유 때문에 접할 수 없는 일이 생기지 않도록 하는 것이다. 따라서 농인을 위한 보다 접근성이 보장된 스포츠 경험을 가능케 하는 환경구축이 제도적으로 이루어져야 할 것이다.

참고문헌

강영욱(2007). 《청각장애아동 교육의 이해》. 서울: 학지사.

강주수(1991). 《불교수화》. 서울: 부다가야.

강주해(1987). 《종교수화》. 서울: 창록사.

______(2002). 《농아인, 그는 누구인가?》. 서울: 농아사회정보원.

강효주(2008). "청각장애학생의 방과 후 여가활동에 대한 질적 분석". 대구대학교 교육대학원 석사학위논문.

계기훈(1999). 《한국농아 역사》. 서울: 영락농인교회.

고창운(2006). 《국어통사론 입문》. 서울: 경진문화사.

교육부(2007). 《제8차 특수학교 교육과정 및 해설서》.

교육인적자원부(2008a). 《특수학교 교육과정》.

______(2008b). 《특수학교 교육과정 해설(II): 기본교육과정》.

구서진(2006). "청각장애인의 사회적 배제에 관한 연구". 고려대학교 대학원 석사학위논문.

그로스(Groce, N. E.)(1985). 《마서즈 비니어드 섬 사람들은 수화로 말한다》. 박승희 옮김(2003). 파주: 한길사. *Everyone Here Spoke Sign Language*.

기무라·이찌다·요나이야마·도리고에·다나다(2002). 《농문화의 이해》. 이와이·김만영·김상화·강재희 편역(2002). 서울: 농아사회정보원.

김금래(2002). "청각장애인의 보건의료시설 이용에 관한 개선방안 연구". 경희대학교 행정대학원 석사학위논문.

김명희(2002). "청각장애인의 농정체성에 영향을 미치는 요인에 관한 탐색적 연구: 청각장애 관련 기관 및 단체의 이용자를 중심으로". 이화여자대학교 대학원 석사학위논문.

김병하(1985). 《특수교육의 역사적 이해》. 서울: 형설출판사.

______(2009). "청각장애학교 교육과정의 변천". 한국청각장애교육100주년기념사업회 편(2009). 《한국청각장애교육 100년사》. 서울: 성광문화사.

______·강창욱·최영주(1994). 《청각장애와 언어》. 경산: 대구대학교출판부.

김상화(2001). "수화 커뮤니케이션과 미디어의 활용". 한국수화학회 발표논문, 92-108.

김승국(1983). "한국수화의 심리언어학적 연구". 성균관대학교 대학원 박사학위논문.

______ · 김영욱 · 황도순 · 정인호(1998). 《청각장애 아동 교육》. 서울: 교육과학사.
김영복 · 황창호(1991). 《현대인의 수화》. 서울: 창록사.
김영욱(2007). 《청각장애 아동 교육의 이해》. 서울: 학지사.
김종인 · 우주형 · 이준우(2010). 《장애인복지론》. 고양: 서현사.
김진호(2004). 《언어학의 이해》. 서울: 영락농인교회.
김칠관(1998). 《한국수화어원연구》. 인천: 성동학교.
______(2003). 《수화통역 입문》. 천안: 나사렛대학교 재활복지대학원 국제수화통역학과.
김현주(2003). "청각장애인근로자의 이직의도에 영향을 미치는 결정요인에 관한 연구". 연세대학교 행정대학원 석사학위논문.
남기현(2003). "한국수화의 통사적 수화 공간과 지형적 수화 공간". 단국대학교 대학원 석사학위논문.
남순석(1990). 《생활수화》. 서울: 경화출판사.
로(Rowe, B. M.) & 레빈(Levine, D. P.)(2007). 《(초보자를 위한) 언어학 개론》. 장영준 · 박명관 옮김(2007). 서울: 시그마프레스. *A Concise Introduction to Linguistics*.
문영진(1988). 《새수화교실》. 서울: 창록사.
민병란 · 기유정 · 양한석 · 이윤혜 · 송영준(2007). "인공와우아동을 위한 교사용 지침서 개발 연구". 안산: 국립특수교육원.
박미혜(2003). "보청기와 인공와우 사용 청각장애 유아의 초기 청능 및 어휘발달에 관한 연구". 대구대학교 대학원 박사학위논문.
배성규(2006). "청각장애인의 이중문화정체성 형성에 영향을 미치는 요인에 관한 질적 연구". 대구대학교 교육대학원 석사학위논문.
배한선(2006). "농인의 다양한 직업전략을 위한 전문직 진출 사례에 관한 연구". 나사렛대학교 재활복지대학원 석사학위논문.
보건복지부(2010). 《2010 보건복지통계연보》.
______(2011). 《2011년 장애인복지 사업안내》.
______ · 한국보건사회연구원(2009). 《2008 장애인실태조사》.
소성숙(2005). "청각장애인의 재활 서비스 및 개선방안에 관한 연구". 대불대학교 일반대학원 석사학위논문.
송성자(2002). 《가족과 가족치료》. 서울: 법문사.
손원재(1988). 《수화의 길잡이》. 서울: 창록사.
손천식(1983). 《우리들의 수화》. 서울: 풍년.
스콧(Scott, S.)(2004). 《내가 멘토에게 배운 것》. 류동완 옮김(2006). 서울:

더난출판. *Mentored by a Millionaire.*
스튜어트(Stewart, D. A.) & 클루윈(Kluwin, T. N.)(2001). 《농・난청학생의 지도: 내용, 전략, 교육 과정》. 강창욱 옮김(2011). 서울: 파란마음. *Teaching Deaf and Hard of hearing students: Content, Strategies and Curriculum.*
엄미숙(1997). "한국수화의 통사론적 특징 분석". 대구대학교 대학원 석사학위논문.
에반스(Evans, L.)(1981). 《토털 커뮤니케이션: 구조와 전략》. 김병하 옮김(1992). 서울: 재동문화사. *Total Communication.*
오미영・정인숙(2005). 《커뮤니케이션 핵심이론》. 서울: 커뮤니케이션북스.
욘트(Yount, W. R.)(1995). 《에바다》. 이준우 옮김(1996). 서울: 여수룬. *Be Opened!: An Introduction to Ministry with the Deaf.*
우종하(2009). 《생활 속의 인간심리》. 서울: 교육과학사.
원성옥・강윤주(2002). 《수화교육개론》. 서울: 농아사회정보원.
유순향(2007). "청각장애인 가족의 스트레스 및 우울에 관한 연구". 연세대학교 행정대학원 석사학위논문.
유완식・김호진・전영환・이금진・황아윤(2006). 《2005 장애인근로자 실태조사》. 한국장애인고용공단 고용개발원.
윤미선・최은아・구호림(2007). 《(청각장애 아동의) 부모를 위한 지침서》. 서울: 군자출판사.
윤병천(2004). "한국수화의 비수지신호에 대한 언어학적 특성 연구". 대구대학교 대학원 박사학위논문.
이규식・국미경・김종현・김수진・유은정・권요한・강수균・석동일・박미혜・김시영・권순황・정은희・이필상(2004). 《청각장애아 교육》. 서울: 학지사.
이규식・권순황(2002). "농문화 관점에서 본 청각장애 지원 프로그램 구안". 난청과 언어장애, 25(2), 3-18.
이미연(2005). "청각장애인의 종교활동이 생활만족도에 미치는 영향". 총신대학교 사회복지대학원 석사학위논문.
이미혜(2004). "농아인가족의 의사소통과 자녀역할에 관한 연구". 한일장신대학교 기독교사회복지대학원 석사학위논문.
이상욱(1998). "청각장애인의 직업적응과 이・전직 요인에 관한 연구". 직업재활연구, 8, 29-47.
이인정・최해경(2000). 《인간행동과 사회환경》. 파주: 나남.
이장영・김문겸・김민규・박근수・류승호・강효민・이경상・이재규・안민

석 · 이훈 · 박영옥 · 이금룡 · 최미란 (2004). 《여가》. 서울: 일신사.
이정란 (2005). "'농아인'이 경험하는 생활 제약에 관한 연구". 연세대학교 대학원 석사학위논문.
이주무 (2005). "청각장애인의 복지 서비스 개선방안 연구". 대불대학교 보건대학원 석사학위논문.
이준우 (1994). 《우리가 아끼고 사랑해야 할 사람들》. 서울: 여수룬.
______ (1997). 《고급수화》. 여수룬.
______ (2001). 《수화의 이해와 실제》. 파주: 나남.
______ (2002). 《농인 재활복지 개론》. 서울: 농아사회정보원.
______ (2003a). "한국 농 청소년의 농 정체성과 심리사회적 기능과의 관계에 관한 연구". 특수교육저널: 이론과 실천. 4(4), 173-204.
______ (2003b). "도전과 자극으로 미래를 향한 소망을 던져준 Deaf Way II". 열린소리 가을호. 한국농아인협회.
______ (2003c). 《수화의 이해와 실제(중급과정)》. 파주: 나남.
______ (2004a). 《수화통역 입문》. 서울: 인간과복지.
______ (2004b). 《농인과 수화》. 서울: 인간과복지.
______ (2004c). 《수화의 이해와 실제(고급과정)》. 파주: 나남.
______ (2005). 《한 · 중 · 미 기초생활 수화어휘》. 서울: 인간과복지.
______ (2006). 《수화의 이해와 실제(초급과정 개정2판)》. 파주: 나남.
______ (2009). 《사회복지실천기술론》. 서울: 파란마음.
______ · 김성태 (2010). 《장애인직업재활개론》. 고양: 서현사.
이준우 · 김연신 · 송재순 · 한기열 · 홍유미 (2010). 《한국수화 회화 첫걸음》. 파주: 나남.
장진권 (2000). "수화이용의 역사". 한국농아인협회 편 (2000). 《농아인과 사회》. 서울: 한국농아인협회.
전재준 (2007). "장애인 소득보장정책의 문제점과 개선방안". 서울시립대학교 도시과학대학원 석사학위논문.
채준안 · 이준우 (2007). 《치료레크리에이션의 이해와 실제》. 서울: 파란마음.
최상배 · 안성우 (2003). 《한국수어의 이론》. 서울: 서현사.
최성규 (1997). 《청각장애아의 심리》. 서울: 도서출판 특수교육.
______ (2001). 《장애아동의 언어지도》. 서울: 한국언어치료학회.
______ (2005). "청각장애학교 교사의 농문화에 대한 종단적 태도 비교". 특수교육저널: 이론과 실천, 6(1), 57~76.
크로 (Crouch, B. A.) & 클레브 (Cleve, J. V.) (1989). 《미국 농사회의 변천사》. 장진석 옮김 (2007). 서울: 교육과학사. *A Place of Their Own.*

페앙(Fain, G.)(2005). 《우리는 어떻게 소리를 들을까?》. 김성희 옮김 (2006). 서울: (주)황금가지. *Comment Entendons-nous?*
한국가톨릭농아선교회(1993). 《수화미사》. 서울: 한국천주교중앙협의회.
한국아농인협회(2001). 《농아인과 사회》. 서울: 한국농아인협회.
한국청각장애자복지회(1992). 《청각장애편람》. 서울: 특수교육.
허승덕·최아현·강명구(2006). 《재활청각학》. 서울: 시그마프레스.
홍유미(1994). 《밀알수화》. 서울: 한국밀알선교단출판부.
황성근(2007). 《미디어 글쓰기》. 서울: 박이정.

Anderson, D. & Reilly, J. (1997). The puzzle of negation: How children move from communicative to grammatical negation in ASL. *Applied Psycholinguistics*.
Andrews, J. & Mason, J. (1986). How do deaf children learn about prereading? *American Annals of the Deaf*.
Baars, B. (1986). *The Cognitive Revolution in Psychology*. NY: Guilford.
Balow, I. & Brill, R. (1975). An evaluation of reading and academic achievement levels of 16 graduating classes of the California School for the Deaf, Riverside. *The Volta Review*, 77, 255~266.
Bebko, J. (1998). Learning, language, memory and reading: The role of language automatization and its impact on complex cognitive activities. *Journal of Deaf Studies and Deaf Education*, 3, 4~14.
Bellugi, U. (1991). The link between hand and brain: Implications from a visual language. In D. Martin (Ed.), *Advances in Cognition, Education and Deafness*, 11~35. Washington, DC: Gallaudet University Press.
Bender, R. E. (1970). *The Conquest of Deafness: A History of the Long Struggle to Make Possible Normal Living to Those Handicapped by Lack of Normal Hearing*. Cleveland: Press of Case Western Reserve University.
Cappelli, M., Daniels, T., Durleux-Smith, A., McGrath, P. J. & Neuss, D. (1995). Social development of children with hearing impairments who are integrated into general education classrooms. *The Volta Review*, 97(3), 197~208.
Carney, A. E. (1994). Understanding speech intelligibility in the hearing impaired. In K. Butler (Ed.), *Hearing Impairment and Language Disorders: Assessment and Intervention*, 109-121. Gaithersburg, MD: Aspen.
Chaney, C. (1992). Language development, metalinguistic skill, and print

awareness in 3-year-old children. *Applied Psycholinguistics*, 13, 485~514.

Chomsky, N. (1975). *Reflections on Language*. NY: Pantheon Books.

Clack, M. D. (1993). A contextualist/interactionist model and its relationship to deafness research. In M. Marschark & M. D. Clark (Eds.), *Psychological Perspectives on Deafness*, 353~362. Hillsdale, NJ: Lawrence Erlbaum.

Conley, J. (1976). Role of idiomatic expressions in the reading of deaf children. *American Annals of the Deaf*, 121, 381~385.

Cornett, R. O. (1990). The century-old wisdom of Alexander Graham Bell. *The Volta Review*, 92, 145~153.

Courtin, C. & Melot, A. M. (2005). Metacognitive development of deaf children: lessons from the appearance-reality and false belief tasks. *Developmental Science*, 8(1), 16~25.

Dolnick, E. (1993). Deafness as Culture. *Atlantic*, 272(3), 37~53.

Ewodt, C. (1996). Deaf bilingualism: A Holistic Perspective. *Australian Journal of the Education of the Deaf*, 2, 5~9.

Feldman, C. (1991). Oral metalanguage. In D. Olson & Torrance (Eds.). *Literacy and Orality*, 47-65. NY: Cambridge University Press.

Fischer, S. (1998). Critical periods for language acquisition: Consequences for deaf education. In A. Weisel (Ed.), *Issues Unresolved: New Perspective on Language and Deaf Education*, 9~26. Washington, DC: Gallaudet University Press.

Fleetwood, E. & Metzger, M. (1998). *Cued Language Structure: An Analysis of Cued American English based on Linguistic Principles*. Silver spring, MD: Calliope press.

Furth, H. (1996). *Thinking without Language: Psychological Implications of Deafness*. NY: Free Press.

Glickman, N. S. (1993). Measuring deaf cultural identities: A preliminary investigation. *Rehabilitation Psychology*, 38(4), 277.

Goldstein, K. (1939). *The Organism: A Holistic Approach to Biology derived from Pathological Data in Man*. NY: American Book.

Gregory, S., Bishop, J. & Sheldon, J. (1995). *Deaf Young People and Their Families: Developing Understanding*. NY: Cambridge University Press.

Holcomb, T. K. (1997). Development of deaf bicultural identity. *American*

Annals of the Deaf, 142(2), 97.

Jamieson, J. R. (1995). Visible Thought: Deaf Children's Us of Spoken & Signed Private Speech. *Sign Language Studies*, 86, 63.

Klima, E. & Beluugi, U. (1979). *The Signs of Language*. Cambridge, Mass: Harvard University Press.

Lane, H., Hoffmeister, R. & Bahan, B. (1996). *A Journey into the Deaf-World*. San Diego, CA: Dawnsign Press.

Levine, E. S. (1981). *The Ecology of Early Deafness: Guides to Fashioning Environments and Psychological Assessments*. NY: Columbia University Press.

Lucas, C. & Valli, C. (1989). Language contact in the American Deaf community. In C. Lucas (Ed.), *The Sociolinguistics of the Deaf Community*, 11-40. Washington, DC: Gallaudet University Press.

Maxwell, M. (1990). Simultaneous communication: The state of the art and proposals for change. *Sign Language Studies*, 69, 333~390.

Meadow-Orlans, K. P. (1995). Sources of Stress for Mothers and Fathers of Deaf and Hard of Hearing Infants. *American Annals of the Deaf*, 140(4), 43~47.

Moores, D. F. (1987). *Educating the Deaf: Psychology, Principles, and Practices* (3rd ed.). Boston: Houghton Mifflin.

Myklebust, H. R. (1964). *The Psychology of Deafness: Sensory Deprivation, Learning, and Adjustment* (2d ed.). NY: Grune & Stratton.

Nitchie, E. B. (1917). Tests for data mining skill in lip-reading. *The Volta Review*, 19, 222-223.

Paul, P. V. & Quigley, S. P. (1994). *Language and Deafness* (2nd ed.). San Diego, Calif: Singular Pub. Group.

Reagan, T. (1990). Cultural considerations in the education of deaf children. In D. Moores & K. Meadow-Orlans (Eds.), *Educational and Developmental Aspects of Deafness*, 73~84. Washington, DC: Gallaudet University Press.

Schlesinger, H. S. & Meadow-Orlans, K. P. (1972). *Sound and Sign: Childhood Deafness and Mental Health*. Berkeley, CA: University of California Press.

Schlesinger, I. M. (1982). *Steps to Language: Toward a Theory of Native Language Acquisition*. Hillsdale, NJ: L. Erlbaum.

Schow, R. L. & Nerbonne, M. A. (1996). *Introduction to Audiological*

Rehabilitation (3rd ed.). Boston: Allyn and Bacon.
Stokoe, W. (1960). Sign language structure: An outline of the visual communication systems of the American deaf. *Studies in Linguistics Occasional Papers*, 8. Washington, DC: Gallaudet University Press.
Stokoe, W. Casterline, D. & Cronebeerg, C. (1976). *A Dictionary of American Sign Language on Linguistic Principles* (Rev. ed.). Silver Spring, MD: Linstok Press.
Tervoort, B. T. (1970). Input and interaction in Deaf Families, by Beppie van den Bogaerde. *Linguistics*, 39(1), 195~198.
Valli, C. & Lucas, C. (2000). *Linguistics of American Sign Language*. Washington, DC: Gallaudet University Press.
Wilcox, S. (1989). *Foreign Language Requirement? Why not American Sign Language?* Washington, DC: ERIC Clearinghouse on Languages and Linguistics.

참고인터넷사이트

경기도농아인협회. http://www.ggdeaf.or.kr
경기도통신중계서비스센터. http://trs.or.kr
고용노동부. http://www.moel.go.kr
국가법령정보센터. http://www.law.go.kr
대한농아인체육연맹. http://www.kdsf.or.kr
보건복지부. http://www.mw.go.kr
보건복지부 통계포털. http://stat.mw.go.kr
한국농아방송. http://cafe.daum.net/deafon
한국농아인협회. http://www.deafkorea.com
한국인터넷진흥원. http://www.kisa.or.kr
한국장애인고용공단. http://www.kead.or.kr
한국장애인고용공단 고용개발원. http://edi.kead.or.kr
한국장애인재활협회. http://www.freeget.net
한국정보화진흥원. http://www.nia.or.kr
한국보건사회연구원. http://www.kihasa.re.kr

한국수화 회화 첫걸음

이준우 · 김연신 · 송재순 · 한기열 · 홍유미 지음

《수화의 이해와 실제》의 이준우 교수가 각 현장에서 복지사, 수화통역사, 수화교육가 등으로 활동하는 제자들과 함께 회화 중심의 수화를 생동감 있게 가르친다. 전작이 수화의 문법과 어휘 익히기에 충실했다면, 《한국수화 회화 첫걸음》은 청인(聽人)과 농인(聾人) 사이의 소통을 위한 실질적 표현력과 응용력을 키울 수 있도록 했다.

4×6배판 | 296면 | 18,000원

데프 앤 데프

농인과 친구가 되고 싶은 이들을 위한 안내서

이준우 · 김연신 지음

우리는 농인의 삶에 대해 얼마나 알고 있는가? 저자는 오랫동안 교수이자 수화통역사로서 농인들의 삶과 마주했다. 그 오랜 경험을 뿌리 삼아 저술한 《데프 앤 데프》는 기계적으로 수화를 익히는 것만으로는 결코 다가갈 수 없는 '농인의 삶의 문법'에 다가갈 수 있도록 돕는다. '농인'과 '청각장애'에 대한 알차고 재미있는 정보지침서.

신국판 | 224면 | 12,000원

한국 수어학 개론

이준우 · 남기현 지음

수어는 단순한 '몸짓'이 아닌 '언어'다. 일상 속에서 수어를 사용하는 농인들을 장애인이자 치료의 대상이 아니라 평범한 발화자로서 대우할 수 있을 때 한국사회에 진정한 사회적 평등이 실현될 수 있을 것이다. 이 책은 한국 수어가 진정한 언어로 인정받을 수 있도록 그 구조와 변화 과정, 서비스 체계 등을 상세히 다루었다.

크라운판 변형 | 368면 | 22,000원